店長のための「スタッフが辞めないお店」の作り方

松下雅憲
MASANORI MATSUSHITA

同文舘出版

はじめに

「店長……明日のランチなんですけど……ホールの人数が二人足りないんです。ヘルプは全部断られているし、メンバー的にちょっと厳しいんですけど……どうしましょうか？」

「仕方ないな～、明日は久しぶりのオフなんだけど、ランチだけ僕が入るよ」


昨今、多くの店で問題になっている「スタッフ不足問題」。明日のシフトが回らない、週末のディナーの人数が全然足りない……ヘルプを要請しようにも、他の店も同じような状態。エリアマネジャーや本社にヘルプを要請しても、もっとたいへんな店のヘルプで手が回らない。


仕方がないから、店長が休みを削って、足りないスタッフの穴埋めをする……。

いつまで、こんなことを続けているんだろう？　誰も助けてくれないし……限界だよ……。

もう、この仕事辞めようかな……。

****

「店長……ちょっとお時間ありますか？」

「え？　何？　どうしたの？」

「ちょっとお話したいことがあるんですが……」

「何の話？」

「実は……バイトを辞めようと思っているんです」


ある日、ある店の主力スタッフが、アルバイトを辞めたいと言ってきました。

この店は、去年の秋頃からスタッフ不足が続いており、シフトのやりくりができず、近隣店舗からヘルプを借りることが常態化していました。担当のエリアマネジャーも、週末は必ずと言っていいほどシフトフォローに入っています。店長自身も、休みが取れず、何か改善策を打たなければ……と思いつつも、日々の運営に精一杯。そんな限界を超えた状況は、売上げにも影響が出はじめており、店長会議では売上対策についての行動計画を細かく詰められる始末……。

また、ヘルプを借りている状況であるため、売上げが芳しくなくてもシフトカットがしにくく、結果的に人件費予算はオーバー……さらに、毎週のように掲載しているアルバイトの募集媒体の費用がかさみ、毎月の利益予算も大きく下回る状況になっていました。

＊＊＊＊＊＊＊＊＊＊＊＊＊＊＊＊＊＊＊＊＊＊＊＊

「いくら募集をかけても、応募がないんです」

「この間、ようやくひとり電話で応募があったんですが、結局面接予定日に本人は来ないし……電話連絡をしても、着信拒否されてしまっているんです！」

「まったく……最近の若い奴は、礼儀知らずな奴が多い！　最低だな！」

店長は、疲れはてた表情で吐き捨てるように嘆いていました。

そして、その疲れはてた店長の様子を見て、学生バイト達は、

「こういう会社には就職はしたくないな……学生の間だけのバイトで十分かな」

とつぶやいているのです。

＊＊＊＊＊＊＊＊＊＊＊＊＊＊＊＊＊＊＊＊＊＊＊＊

これらの状況……実は、日本中の店で毎日のように起こっている悲しい現実です。

たしかに今、世の中のありとあらゆる業種・業界・業態において、「人不足」が叫ばれています。

特に、飲食店やコンビニなどでは、社員はおろかアルバイト自体の応募もなく、そのために新規出店はおろか、既存店でも「店休日」を設けたり、24時間営業や深夜営業を中止して、社員の負担を減らそうとしています。もちろん、それはその企業の業績に暗い影を落としているのです。では、世の中のすべての店がそういう状況なのでしょうか?

違います!

世の中には、「スタッフ不足」なんて言葉にまったく縁のない店もたくさんあるのです。

そんな店の店長達はこんなふうに語っています。

「スタッフ不足なんて、ここ数年まったくありませんよ」

「スタッフが楽しく主体的に仕事をしてくれているので、けっこう楽をさせてもらっていますよ」

「バイト募集媒体は使っていませんよ。募集しなくても応募があるんですからね」

「うちの会社は、アルバイトがそのまま社員として入社して来るんですよ」

今、まさに「スタッフ不足」で悩んでいる店長にとっては、「信じられない」言葉ではないでしょうか？　でも、この店長達の言葉には嘘偽りはありません。すべて事実なのです。そして店長自身も仕事を楽しみ、たくさんの成果を上げて成長しているのです。

本書では、このような「スタッフが辞めないお店」を作り上げている店長達が実際に行なっている「スキル（技術、やり方）」「システム（仕組み）」「スタンス（あり方、考え方）」の3つをご紹介しています。ただし、彼らは単に「やり方」だけとか「仕組み」だけで「スタッフが辞めないお店」を作り上げているわけではありません。常に、これら3つを組み合せながら店づくりを進めています。この本を読みながら、彼らの「店づくりの秘訣」を、ぜひとも学んでいただきたいと思います。

2015年4月、私は前作『「これからもあなたと働きたい」と言われる店長がしているシンプルな習慣』（同文舘出版）で、従業員満足度を6つのステージに分類し、その階段を一段ずつステップアップしていくことで、理想的な店ができる方法をご紹介させていただきました。本作は、その方法を実際に行なった店長達の経験を元に書き上げました。前作をまだお読みいただいていない方は、合わせて参考にしていただけると、よりくわしくご理解できると思います。

本書では、あえてこの「従業員満足度調査」についてくわしくは触れていません。そちらについては、前作を参考にしていただければと思います。また、最近注目されている「IT化機械化による生産性向上」「主婦やシニアの活用」「短時間バイト」などについても触れていません。こちらについては、また別の機会に触れていきたいと思います。ご了解ください。

本書が、あなたの店が「スタッフが辞めないお店」になるためのお役に立つことを心から願っております！　がんばれ店長‼

2018年1月1日

株式会社PEOPLE&PLACE　代表取締役　松下雅憲

店長のための「スタッフが辞めないお店」の作り方◉目次

2章 スタッフが辞めない「面接とオリエンテーション」

3章 スタッフが辞めない「店長のリーダーシップ」

4章 スタッフが辞めない「個人目標と評価制度」

5章 スタッフが辞めない「スタッフ教育」

6章 スタッフが辞めない「売上げと利益」

7章 スタッフが辞めない「プライベートとチームワーク」

8章 スタッフが辞めない「お店を辞める日」

装丁／大場君人
本文DTP／マーリンクレイン

1章

スタッフが辞めない「新人募集」

1 スタッフが辞めないお店は「媒体募集」に頼らない

「今回の募集広告も反応もなしか……問い合わせの電話すら来ない……ふう〜」

高額の費用を使って、何度も募集広告を掲載しても反応が悪い……。

応募がないどころか、問い合わせもない……。


最近、こういう嘆きの声をよく聞くようになってきました。特に、飲食店の経営者や店長からは、毎日のように聞かされている言葉です。

媒体を使った新人募集広告は、かつて一世を風靡したフリーペーパーやチラシの折り込みが主流でしたが、最近はネットを使った募集サイトやＳＮＳの募集システムが増えてきています。

それらは、応募する側からすれば無料で利用できるので非常に便利ですが、募集する側からすれば、あたり前ですがそれ相応の費用がかかります。

ただ、問題はその費用に見合った応募があるかどうかなのです。

私は、決して媒体募集を否定しているわけではありません。

これもまた、有効な新人募集のツールです。問題は、多くの店が「媒体募集」にしか力を入れていないことにあるのです。

ネットにしろ、フリーペーパーにしろ、そこから得られる情報は、主には「ブランド」「距離」「時給」なのです。応募者はそれらを比較して、問い合わせ先、応募先を決めるのです。

あなたの店が有名ブランドで、便利な場所にあり、どこよりも高い時給なら、選ばれる可能性は高くなりますが、そうでない場合は、問い合わせ候補にすら入らない可能性の方が高くなるのです。

しかし、世の中には、有名ブランドでなくても、多少不便な場所でも、また時給がそれほど高くなくても、十分にスタッフを抱えている店があります。そんな店は、いったい何をしているのでしょうか？

「媒体募集」に頼り切らない店がやっていること

彼らが、まず大事に考えているのは、時給や待遇ではありません。もちろん、それらも大切にはしていますが、それ以上に「店舗イメージ」にこだわっているのです。

彼らがこだわる「店舗イメージ」とは、外から見た、つまりお客様やアルバイト先を探している人から見た「一緒に働きたくなる店の雰囲気」のことです。

あのマクドナルドも「アルバイト募集の第1段階」として、この「店舗イメージ」を挙げているのです。マクドナルドの募集時給は、決して周辺店舗よりも高いわけではありません。むしろ一番安いかも知れません。にもかかわらず、彼らは周りのどこの店よりも多くのスタッフを抱えているのです。

もちろんマクドナルドには、それだけのスタッフを抱え、しかも維持できるだけの仕組みがあるのですが、何よりもそれだけの数の「応募」があるからなのです。

「食事先の選定視点」以上に「アルバイト先の選定視点」には厳しい基準があります。

それは、自分の大切な時間をより多く費やすことができる、働きやすい場所か否かという視点です。

店長やスタッフの笑顔
スタッフとお客様との会話の様子
スタッフ同士の会話の様子
店長の指示の声、話し方　などなど

自分が、スタッフとしてそこに参加して「気持ちよく働けるかどうか」を、店の「雰囲気」から敏感に感じ取っているのです。だから「店舗イメージ」が何よりも大切なのです。

ただし……この「雰囲気づくり」をちょっと間違えると、たとえ募集に対する反応があったとしても、別の大きな問題が起きてしまいます。

それについては、次の項でお話ししましょう。

アドバイス

スタッフが辞めないお店づくりは、『働きたくなるイメージづくり』からはじめよう

2 スタッフが辞めないお店は「一緒に働きたいタイプ」しか応募してこない

「最近の応募者は、ろくな奴がいないな……まあ、仕方がないから採用するか……」

媒体募集を行なったら、何名かの応募はあった……。

しかし、元気と笑顔があり、素直な返事ができ、丁寧な応対ができる、店長が求めるそんな応募者なんて全然来ない……。

応募してくるのは、元気も笑顔もなく、返事の声は小さく、敬語も使えない……。しかも、身だしなみにもかなり難がある……そんな奴ばかり……。

それでも、スタッフ不足の自店舗の立場から言ったら、そんな贅沢なんて言っていられない……。なので、仕方なく採用してしまう……。

ところが、低レベルの応募者を採用しても、結局は低レベルの仕事しかできないので、店のレベルはどんどん下がっていく……。

「はあ～」――店長の口から出るのはため息ばかり。

よくある現実ですね。

しかし、ちょっと考えてみてください。

そんな低レベルの応募者しか来ない原因は、自店舗が「有名ブランドではないから？」「駅から遠いから？」「時給が安いから？」なのでしょうか？

もう一度、店を見直してみてください。

今のあなたの店自体が、そんな応募者と同じレベルの運営しかできていないのではないでしょうか？

アルバイト希望者は、「自分のレベルや雰囲気に応じたバイト先」を選びます。

つまり、「この店ならば自分でもできそうだ」と判断して応募してくるのです。

極論を言えば、「元気も笑顔もなく、返事の声は小さく、敬語も使えない……しかも、身だしなみにもかなりの難あり」な人は、最初から「高級ホテルのフロント」や「高級レストランのホールスタッフ」などには応募しないのです。

一緒に働きたいタイプしか応募してこない店がやっていること

あなたの店のアルバイト募集に応募してくる人のレベルは、あなたの店が応募者から「どのように見られているのか？」を判断する格好のバロメーターなのです。

一方で、スタッフが辞めないお店には「この人は、自店舗のよいイメージをさらにレベルアップしてくれそうだ」とか「こんな人がホールにいたら、きっとお客様も笑顔がいっぱいになるだろうな」という人が応募してきます。

それは、先ほどもお話ししたように「この店は自分に合っている」「自分もこの店の人達と同じレベルの仕事をしてみたい」と感じている人が応募してくるからなのです。

そして万が一、ちょっと勘違いして「イメージに合わない応募者」が来ても、店長は決してそんな人物は採用しません。たとえ、自分達がほしい時間帯にぴったりと入ることができる条件を持っていても、それを優先させることはないのです。

スタッフが辞めないお店の店長は、イメージとマッチしないスタッフを抱えることが、いかにリスキーであるかを知っています。そこに妥協はないのです。

彼らの店は「人不足で困っている店」ではありません。

彼らは、人不足にならないようにするために、「採用基準」には妥協しないのです。彼らは、「数を集める」のではなく「質にこだわる」ことを徹底しているのです。

アドバイス

採用基準の優先順位トップは「店舗イメージに合う人材」であること!

3 スタッフが辞めないお店は「応募者もお客様」と考えている

「はい、〇〇店です」

「あの～そちらでアルバイトをしたいんですが、募集していますか？」

「え？　ちょっと待ってください。今、お店が忙しいので、3時頃にもう一度電話してもらえます？」

ガチャ！　ツーツーツー……

「……」


店にかかってくる電話は、「お客様からのご予約」「お客様からのお問い合わせやお叱り」「上司や本社からの連絡」「お取引先からの確認」などがほとんどですよね。

そして、ごくまれに「アルバイト希望者からの問い合わせ」がかかってきます。


こんなとき、あなたの店ではどのように対応していますか？

もしかして、冒頭のようなぞんざいな対応をしていませんか?

アルバイト希望者が、以前にあなたの店を利用したことのあるお客様だったら、あなたの店に対してよい印象を持っていたので、今回応募の電話をしてきたのでしょう。

しかし、未利用者の場合は、Ｗｅｂやフリーペーパーなどの募集媒体を見て、何かしらのよいイメージを描きながら、少しドキドキ、そしてワクワクしながら電話をしてきたのかもしれません。つまり、この電話は「あなたの店とアルバイト希望者とのファーストコンタクト」なのです。

ファーストコンタクトは、あなたの店に対する「第一印象」を決定づけます。そんな大切な初めての出会いのときに、ぞんざいで横柄な電話応対をしてしまったら……。

きっと、その希望者が描いていたあなたの店に対するイメージは音を立てて崩れていくことでしょう。

メールやＳＮＳとは違って、電話をかけるときは「誰が出るかわからない」「相手の状況がわからない」「どんな応対をされるかわからない」と、非常に不安な気持ちでいっぱいです。

そして、相手が受話器を取るまでのほんの十数秒は、心臓がドクンドクンと音を立てているのが感じられるくらい緊張をします。そんなときに冒頭のような応対をされたら……次に電話をすることは、もうないかもしれませんよね。

応募者は、お客様以上に店を観察している

「お待たせいたしました。○○店でございます」

「あの～、今週の土曜日の夕方7時に4名で予約をしたいのですが……お席は空いていますか?」

「はい、ご予約のお電話、ありがとうございます。今お調べいたしますね……お待たせいたしました。はい、大丈夫です。ありがとうございます。土曜日の7時から4名様ですね。では、お客様のお名前とお電話番号をお教えいただけますでしょうか?」


あなたの店にお客様からご予約の電話があった場合、あなたやスタッフは、このように丁寧に応対をしますよね。電話の相手がお客様なら、これくらいのことはあたり前です。

スタッフが辞めないお店では、大切なお客様同様に、「アルバイト希望者」の応募電話に対しても同じように丁寧に対応しているのです。


「お待たせいたしました。○○店でございます」

「あの～、そちらでアルバイトをしたいんですが、募集はしていますか?」

「はい、ありがとうございます。ご応募いただいてとってもうれしいです！　もちろん募集していますよ。大歓迎です！　ぜひとも面接に来てください」

いかがでしょうか？

「スタッフが辞めないお店」は、応募時の電話応対が「お店とバイト希望者」とのファーストコンタクト、第一印象のための大切な瞬間であることを理解しているのです。

先ほどもお話ししましたが、ここで印象が悪かったら、「あれ？　この店って何だか感じ悪いぞ……やっぱり応募するのはやめよっと！」ということになりますものね。

さて、あなたの店の電話応対の仕方は大丈夫でしょうか？

アドバイス

お客様のご予約電話と同じくらい、「アルバイト応募電話」に丁寧に対応しよう

4 スタッフが辞めないお店の「スタッフの半分はスタッフの友人」

「ねえ～、誰かこの店で働いてくれそうなお友達を紹介してよ～」
「ええ～いませんよ。みんな、もう他のバイトをしているし、他のバイト先はもっと時給も高いしね～」

スタッフ不足に悩む店の店長ならば、一度は自店舗のスタッフに「友人紹介」をお願いしたことがあるでしょう。しかし、スタッフは口々に冒頭のような言い訳をして、なかなか友達を紹介してくれません。

なかには、自分の友達に声をかけてくれるスタッフもいるにはいます。しかし、基本的には長期にわたり慢性的にスタッフが不足している店のスタッフは、自分の友達を店の新人候補としては紹介してくれないのです。

紹介をしてくれない本当の理由は、実は、冒頭の会話のような「他でやっている」「他の方が時給が高い」などではありません。

彼らは、自分が今仕事をしている店の状況、ハードな仕事環境に大切な友人を巻き込みたくはないからなのです。

さらに、彼らは、もし友人を紹介したら、その友人から「しんどい仕事を紹介された」「話が違う」「きつすぎる」などと言われるのが嫌なのです。だから紹介したくないのです。だって、友達に嫌われたくないですからね。

彼らが「紹介したい店」とは、紹介した自分のことを友人が称賛してくれるような店なのです。残念ながら、スタッフ不足に悩む店はそうではないのです。

だから、いろいろと言い訳をして、友達を店長に紹介するのを避けているのです。

またもうひとつ。スタッフ不足に悩む店のスタッフは、「そこまでして、店を何とかしたい」とは思っていないのです。

もしくは、彼らは「そんなに店長が困っているなんてことを知らない」のです。

彼らと店長との温度差……それが「スタッフ不足に悩む店」の典型的な姿なのです。

スタッフが辞めないお店に「友人紹介」が多い理由

ところが、スタッフが辞めないお店の店長は、「そもそも最高のスタッフは最高のスタッフを紹介してくれるものだ」と考えています。また、そんな店長とともに働くスタッフは、「店長の店づくりに対する考え」を深く理解し、「自分も一緒にそんな店を作り上げたい」と考えているのです。

だからこそ、その想いに共感できると見込んだ友人を紹介してくれるのです。

ある焼き鳥店のスタッフは、「なぜ、そこまでして友人を紹介してくれるのですか?」という私の質問に対して、「だって、店長の考えが理解できないような新人がチームに入ったら、教えるのがとてもたいへんだし、もし、その新人が、いくら言っても理解できない子だったら、この店のレベルが下がっちゃいますからね。よく理解できると見込んだ友達のほうが安心なんです」と答えたのです。

ではなぜ、そんなスタッフが生まれてくるのでしょうか?

そのために、いったい店長は何をしているのでしょうか?

それは、簡単です。

スタッフが辞めないお店の店長は、この本に書いてある「スタッフが辞めないお店の作り方」を確実に実行しているだけなのです。

先ほどの焼き鳥店の店長はこう言いました。

「スタッフが連れてきた友人達は、仕事を始める前から私の店づくりのイメージを理解してくれています。彼らが、そういう友人だけを紹介してくれるからです。私にとってこんな楽なこと、いや幸せなことはありません。彼らは、お客様が増えてスタッフを増やす必要が出てきたときも、私が彼らに依頼するよりも先に、私に友人を紹介してくれるのです。おかげで、ずっと売上げは右肩上がり……涙が出そうなくらいうれしいです！」

● アドバイス

最高のスタッフは、最高の友人を店の新しい仲間として紹介してくれる

5 ● スタッフが辞めないお店の「スタッフの半分は元お客様」

「お客様、もしよかったらこの店で働いてみませんか? 当店では、お客様のような素敵な笑顔の方にスタッフになっていただきたいのです」

「ごめんなさい。私、もうすでに他のところでお仕事をしているんです」


スタッフ不足に悩む店の店長の多くは、上司や本部の指示を受けてお客様へのスカウト活動を行なっていることと思います。そうしないと、スタッフ不足は解消できませんからね。

この「お客様へのスカウト活動」は、一般的にスタッフが辞めないお店の半分のスタッフが「お客様からの採用」によって構成されていることを考えれば、ぜひともやっていただきたい対策と言っていいでしょう。

しかし、残念ながらスタッフ不足の店で声をかけられたお客さんは、こんなふうに考えているのです。

「いやあ〜、せっかく声をかけてもらったけれど、この店では、アルバイトはしたくないな

〜。この店のスタッフって、笑顔が少なくてピリピリしているしね……。店長もしかめっ面をしていることが多いし。料理はおいしくて安いから気に入ってるんだけど、やっぱり働くとなるとちょっとねえ〜」

実際に、アルバイトやパートの仕事を探しているお客様は、自分がふだん利用している店の雰囲気がよければ、「ここで働けたらいいな」と考えています。特に、店長やスタッフが明るく元気で親切だと、自分もその仲間に入りたいと考えているのです。

こういう店は、「スタッフが魅力的」という理由が主な来店動機になっているのです。

逆に、利用頻度の高い店であっても、来店理由が「場所が便利」「価格が安い」「販促がお得」がメインで、そこに「スタッフの魅力」が含まれていない場合があります。

そういう店の場合は、「お得だから利用するけれど、そこで働きたいとは思わない」と考えられているのです。

もしあなたの店が、冒頭の会話のように、店長からの直々のスカウトでもあっさり断られてしまうのは、あなたの店に「人の魅力」が少ないからなのです。

スタッフが辞めないお店に「元お客様」が多い理由

では、スタッフが辞めないお店の店長は、どのようにしてお客様が「この店で働きたい」と思えるような「店舗イメージ」を作っているのでしょうか。

彼らに共通する考え方は次の3つです。

その1：自店舗のファンは、店が表現しているイメージをすでに気に入ってくれている

その2：ファンを仲間にすることで、さらなる店舗イメージの向上を図ることができる

その3：ファンから見て憧れの店長らしく振る舞うことで、よりスカウト効果が高まる

すでにその店のファンであるお客様をスタッフにすることが、最も効果と効率のよい新人採用であることを彼らは知っているのです。

だから彼らは、お客様から見て「一緒に働きたい店」と感じていただけるように行動や発言をするのです。もちろん、それはスタッフも全員が理解していることです。

スタッフもまた、イメージの悪い店にアルバイト希望者が応募してくれないことを知っています。そして、彼らもまたファンを仲間にしたいと考えているのです。

スタッフが辞めないお店の店長は、そのために、きちんと店舗イメージを整えるように日々努力をしています。そして、「この人！」と思えるお客様を見つけたら、このように声をかけるのです。

「お客様、もしよかったら、僕たちと一緒にもっと素敵な店を作りませんか？」と。

アドバイス

最高のお客様が仲間になれば、最高のスタッフになる

6 スタッフが辞めないお店は「スタッフが充足していても」採用を続ける

「今は、そんなにスタッフはいらないよ。年が明けて卒業や就職で辞めるスタッフが出る前に採用すればいいいんだ。今採用すると、君たちのシフト数が減っちゃうよ」

スタッフ不足に悩む店長は、いつも自分の都合で物事を考えます。

たしかに、必要人数が確保できているときにさらに新人を採用すると、人件費が増えてしまうか、もしくは既存スタッフの稼ぎたい時間数が減ってしまいます。

そのため、一般的には夏や冬の繁忙期前か、春の入れ替わりの時期に集中して新人募集と採用をしている店が多いと思います。

もちろん、それでうまく回ればいいのですが、現実はそんなにうまくはいかないですよね。繁忙期の直前に採用しても、新人はあまり役に立たない状態で繁忙期を終えてしまいます。なかには、忙しさのあまり十分に指導教育を受けられないままでミスを連発し、それが原因で自信をなくして辞めてしまうこともよくあります。

春の入れ替わり時期も同じです。

学校の卒業で辞めるスタッフと重なる期間が十分にあればいいのですが、辞める直前に採用されても、ベテランから十分な指導教育を受けることができないままで、独り立ちを余儀なくされてしまいます。

その結果、4月になると急にスタッフの平均レベルが低下してしまい、それをカバーするために店長の残業や休日出勤が増えていく……なんてこともよくあるのです。

なぜ、そうなってしまうのでしょうか？

理由は明白です、新人教育に十分な時間をかけることを前提とした「年間募集採用計画」が立てられていないからです。

新人が、基本的な「作業」ができるようになるための時間は、それほど長い期間は必要ではないでしょう。業種業態によって違いはありますが、短くて10時間、長くても10日間くらいで独り立ちさせますよね。でも、それはあくまでも「基本作業」ができるレベルなのです。

ベテランのレベルとは大きな差があるのです。

ベテランのように、お客様に満足していただき、また来たいと思っていただけるレベルになるには、もっと多くの時間が必要なのです。

スタッフが辞めないお店は「いつ新人募集をしているのか？」

「うちの店は、1年中募集と採用を行なっています。なぜかと言うと、夏と冬と繁忙期、春の入替え時期に間に合わせるには、最低半年はかかるんです。作業ができるレベルから、さらに成長して売上げを伸ばすことができるスタッフになるには、それくらいの時間は必要なんです。だから、1年中募集採用をし続ける必要があるんです」

このような話を聞くと、スタッフ不足に悩む店の店長はこう疑問を呈します。

「でも、そんなことをしたら人件費予算がオーバーしませんか？」と。

それを聞いた、スタッフが辞めないお店の店長は、笑いながらこう答えます。

「一時期に集中するほうが、手間と時間がかかります。新人の割合が増えると店全体の生産能力も低下します。結果的に、一時期に集中するよりも、年間通じて常に新人を少しずつ抱えていくほうが効率がよく、人件費も少なくてすむのです。ワークスケジュールも立てやすいですしね」

年間を通じて採用すると決めていると、さらにこんなメリットもあります。

たとえば冒頭のように、スタッフがすばらしい金の卵（友人）を紹介してくれたとき、あなたはみすみすその方に何ヶ月も待ってもらうのですか？

お客様も同様です。ぜひスカウトしたいと思えるようなお客様がいても、「今はその時期ではない」と諦めるのですか？

どちらのケースも、きっと他の店に行っちゃいますよね。

さて、あなたはどちらの方法を選びますか？

一時期集中型？　それとも、年中採用型？

アドバイス

新人を一時期に集中採用すると、かえって効率が悪くなり、売上げにも悪影響が出る

2章

スタッフが辞めない

「面接とオリエンテーション」

1 スタッフが辞めないお店は「面接環境」にこだわっている

「あれ？　この間面接して採用したAさんって、今日の12時から来るんじゃなかったっけ？　まだ来ていないよね……ちょっと連絡してみて」
「はい……あれ？　全然電話に出ませんね……またドタキャンですかね」

この店では、せっかく採用したのにもかかわらず、アルバイトの初日に姿を見せない新人がよくいるのです。店長達は、その原因を「採用された新人の問題」として捉えているようです。しかし、本当は違うのです。

ちょっと、この新人が面接を受けたときに時間を戻してみましょう。

※事務所に案内されたアルバイト希望者と店長の会話
「それじゃあ、面接をするね。履歴書持って来たかな？　ちょっと見せて！」
「あ、はい……これです（って言うか……何この事務所？　タバコ臭くない？　それにそこら中にスタッフの私物が置きっぱなしだし……雑然としているし……大丈夫なの、この店?)」

( )の中は、面接を受けているアルバイト希望者の心の声です。

この希望者は、この店を利用したときには、アルバイト先としてさほど大きな問題を感じませんでした。だから、応募の電話をしてきたのです。しかし、いざ面接の段階になり、お店のバックヤード、つまり裏側に通されたとき、その印象はがらりと変わってしまいました。「雑然とした事務所」「タバコの臭い」「汗臭いロッカー」「私物の放置」などなど……。

彼女は、外から見た印象とのギャップに愕然としたのです。

そして、面接では「採用」と言われたものの、初日を迎えて店の近くまで来たときに、「やっぱり、この店で働くのはやめよう」と決めてドタキャンしてしまったのでした。

もちろん、この希望者にも問題はあるでしょう。連絡もなしにドタキャンするなんて、もっての外です。しかし、彼女をそんな気持ちにさせてしまった店にはもっと大きな問題があるのです。

スタッフが辞めないお店は「どんなところで面接をしているのか？」

私が、かつてマクドナルドで店長をしていたときのお話をしましょう。その店は、私の着任当初、スタッフ不足で毎日がてんてこ舞いの状態でした。なので、バイト希望者の面接は、店の客席かカウンター横で立ち話程度で行なっていました。しかし、そうやって採用した新人のレベルや定着率は非常に低かったのです。そこに問題を感じた私は、きちんと整理整頓された事務所でコーヒーを出して、落ち着いて面接をするように変えたのです。

実際に、たったそれだけで、新人の店に対する第一印象は大きく変わりました。

第一印象がよいと、その後のオリエンテーションや新人教育が非常にやりやすくなります。逆に第一印象が悪いと、最初から疑心暗鬼、不安や不信を抱えたまま仕事に臨むことになります。それだけで、新人の定着率や初期成長度は大きく変わるのです。

店舗ビジネスの裏側は、華やかな表舞台の客席や店頭に比べて、環境整備にお金もかけていないケースが多く見られます。店長にとっては苦しいところだとは思いますが、禁煙にしたり、整理整頓をしたり、私物の管理用ロッカーの設置などを行ない、スタッフが不安を持たないように環境を整えることはすぐにできること、いや、すぐにでもやらなければならないことなのです。スタッフが辞めないお店を作り上げている、ある中華料理チェーンの店長はこのように言っています。

「面接って、私たちとアルバイト希望者との『お見合い』や『初デート』なんですよね。いくらそれまでの表面的な印象がよかったとしても、いざ会話をしたり、食事のシーンでの立ち振る舞いを見たりしたとたんに素性がばれてしまう……なんてことがありますものね」

華やかな舞台の裏側ってこんなもんだよ……なんてことは、ただの言い訳にすぎません。裏側でもきちんとした環境を整えることができるからこそ、表側でさらに素敵なイメージを表現できるのです。

さて、あなたはどんな「環境」で面接を行なっていますか？

新人さんは、あなたの「裏側の環境づくり」で不安や不満を持っていませんか？

アドバイス……………………………………

スタッフが辞めないお店は「裏側」の環境づくりにもこだわっている

2 スタッフが辞めないお店は「採用してはいけない人」を採用しない

「え～っ、聞いていないですよ～。何でそんなことをしなくちゃいけないんですか～？」

「店長～、明日は用事ができたので休ませてくださ～い」

「う～ん、思ったよりも仕事がきついなあ～。やっぱり辞めようかな～」

「ねえねえ、これって適当でいいんだよね～。黙ってたらわからないよね？」


まったく……最近の若い子は……。

なんていう、店長のため息交じりのぼやきが聞こえてきそうです。


せっかく採用しても、そこからの教育がひと苦労。すぐに戦力にならないばかりか、基本的なことや常識、モラル、礼儀……そんなことまで教えなくてはならない。若い子は社会経験がほとんどないから、そういうことを教えるのは想定内のつもりだったんだけど……いざとなると、もうイライラすることばかり。そして、ちょっと厳しく指導すると、もう簡単に辞めてしまう……しかも黙って……。

このようにぼやく店長……でも、これは、そもそも1章でもお話しした「店舗イメージに合わない希望者が面接に来る」――そして、彼らを採用したことが原因なのです。

「指導や指示を受け入れられないタイプ」「協調性がないタイプ」「自分勝手なタイプ」「理解力が低くて、すぐに勘違いするタイプ」「短い期間でいろいろな店を渡り歩くタイプ」……そもそも、そういうタイプの希望者を採用してはいけないのです。

店のイメージが「応対が雑」「スタッフのみだしなみがきちんとしていない」……そのような印象を持たれると、自然とそういうタイプの希望者が応募してきます。

逆に、客席での店長とスタッフとの会話のレベル、つまり丁寧で明るくハキハキとした会話、お客様とはフレンドリーでも丁寧な会話などができていると、基準や意識の高い店である雰囲気は必ず伝わるものです。

あなたが目指すのは、そもそも「できの悪い希望者を採用しなくてもいいくらいに、最初からできのいい希望者が面接に来るような店になること」なのです。

スタッフが辞めないお店の「採用基準」

とは言うものの、スタッフが不足していて悩んでいる店長は、多少採用基準を下げてでも、しっかりと鍛えれば伸びそうだと思える希望者なら採用したくなる、いや、採用せざるを得ないというのが本音でしょう。

では、スタッフが辞めないお店の店長は、そんなときにいったい何をしているのでしょうか?

答えは、いたってシンプルです。

「採用テスト」を行なっているのです。

これはどんなテストかというと、ポイントは3つです。

「眼を見て、笑顔で、大きな声で、返事ができるか否かをたしかめる」

「身だしなみと時間管理についての考えを話してもらう」

「自分の成長への関心と仲間への貢献についての考えを話してもらう」

このような質問は、シンプルであたり前のことかもしれませんが、スタッフが不足していて悩んでいる店は、このような基準にこだわった「採用テスト」は行なっていないのです。

これらがいかに大切かについては、後にこの本の中でお話ししていきましょう。

さて、採用に際しては、店が希望しているシフトに入れるかどうかも大切なポイントですが、それは採用テスト以前の基本条件です。採用に関して一番よくないのは、この「基本条件」だけで採用を決めてしまうことです。

採用してから苦労しそうな人物は、どんなに困っていても絶対に採用してはいけません。後々たいへんなことになりますからね。そして、その誤った判断が「スタッフが辞めないお店」への道を遠くさせているのです。

アドバイス

採用した後にムダな苦労をしないために「採用テスト」をしよう

3 スタッフが辞めないお店は「初日のオリエンテーション」に全力を尽くす

「Dさん、今日は、昨日採用した新人が入って来る日だから、君が面倒見てやってね」

「え〜、今日はラインが一本少ないんですよ……無理っすよ〜」

「まあいいから、横について見学させればいいから……よろしく！」


初めてこの店の仕事に就く新人の心臓はドクンドクンと音を立て、顔は硬直し、おでこにはうっすらと汗、彼女は緊張感でもういっぱいいっぱいの状態です。

しかし、店の方は、いつもながらのドタバタ状態……。

このように、せっかく採用した新人に、初日から逃げ出したくなるような環境を与えてしまっていることが多いのです。

たとえその新人が、友人の紹介であっても、スカウトして採用した元お客様であっても、初出勤の緊張感は同じです。

ある飲食チェーン店で、「入社3ヶ月以内の新人アルバイトの退職までの日数分析」を行なったところ、なんと初日から3日以内に辞めてしまう新人が最も多いということがわかったのです。いかに、初日に受けたダメージが大きかったかがよくわかるデータですね。

そのチェーン店は、その衝撃の実態を強く反省しました。そして、初日を迎える新人と店長、スタッフを取り持つ「オリエンテーションガイド」を作り、それを活用しています。

その「オリエンテーションガイド」に書かれている基本は、「大歓迎」「ウエルカムの気持ち」です。つまり、新人の立場に立って、彼女達の不安感を払拭し、気持ちよく仲間になってもらえるように徹底的に店長やスタッフから歩み寄ることが、最初に表現されているのです。以前は、この「ウエルカム」の表現を徹底できていなかったのです。

たとえば、店長や全スタッフのことを「スタッフボード」を使ってきちんと紹介します。そして、その場でその新人の写真を撮り、「スタッフボード」の一番下に加えるのです。

大切なことは、「その場ですぐに」です。

昔も今も、フィルムやデジカメ、スマホで写真を撮ってもすぐに印刷せずに、後日まとめて行なう……という店がたくさんあります。しかし、これでは「ウエルカム」の気持ちは伝わりません。

スタッフが辞めないお店の「初日のオリエンテーション」のこだわり

昔ならポラロイドカメラ、今ならスマホで撮って、すぐにその場で印刷できるスマホｄｅチェキなどがあります。このようなツールをきちんと用意しておくことで、新人をその場で仲間に迎え入れることができるのです。だから、スタッフが辞めないお店は初期退職を防ぐことができているのです。これを、スタッフが辞めないお店の店長は必ずやっています。

さらに、この「オリエンテーションガイド」には、さらに大切なことが３つ書いてあります。

それは……

その１：元気な挨拶、笑顔で大きな声で返事、時間を厳守、身だしなみ基準
その２：仲間に迷惑をかけない、仲間に貢献する、仲間に助けてもらう、仲間とがんばる
その３：わからないことがあったり、困ったことがあれば、すぐに店長に相談する

これも、ごくあたり前のことばかりですが、ポイントはこれを「初日に徹底的に伝える」ことなのです。新人の初日のテンションは、緊張の極致にあります。そんな状態のときに、あまりにも細かいことをたくさん伝えてしまうのではなく、基本的な「笑顔、挨拶、声、時

間、身だしなみ」「仲間の存在」「困ったら店長に相談」――この3つをきちんと伝えることのほうが、何よりも大切なのです。

東京のあるイタリアンレストランの店長は、こう言っています。

「私には、初日のオリエンテーションに対するこだわりがもうひとつあります。それは、新人初日のオリエンテーションは、『絶対に私がやる』ということです。そして、そのときに私から大歓迎の想いを新人に伝えます。これをやるからこそ、彼女達は困ったらすぐに私に報連相をしてくれるし、私も、必要なときはビシッと指導ができるんです。初日のオリエンテーションの手を抜いたら、その後がやりにくくなるんですよ」

彼は、かつてはスタッフ不足で悩む店長でしたが、このオリエンテーションへのこだわりを徹底したことで、今は、スタッフが辞めないお店を築き上げています。

さて、あなたの店はいかがでしょうか？　新人の初日……大切にしていますか？

● アドバイス ……………………………

勤務初日を制するお店は、スタッフ不足問題を制する

4 スタッフが辞めないお店は「3日目に『不安解消オリエンテーション』」を行なう

「あの～、店長……今、新人のEさんから連絡があって……」

「え？ 今日は4日目だったよね。それで彼女は何と言っていたの？」

「辞めます……と言っていました……はあ～、根性ないっすね～」


前項でもお話ししましたが、新人の初期退職で最も多いのは、「入社3日以内」です。めでたく採用されて初日を迎え、2日目、3日目……ここで力尽きる新人が多いのです。

そんなとき、店長やスタッフは、そのことをどのように受け止めているのでしょうか？

まさかあなたは、冒頭のように「新人の根性の問題」で片付けてはいませんよね？


入社3日以内に辞めてしまう原因のひとつは、「仕事が難しすぎて自分にはできない」と感じたからです。では、なぜ「難しすぎる」と思ったのでしょうか？

そもそも彼女達は、ホールで働くスタッフを見て、「自分もここで働きたい」と思って応募してきたはずです。たった3日間で「無理」と感じてしまうようなとんでもない熟練の技を身につけなければならないなんて思ってはいなかったはずです。現に、それほどまでの仕事なんてそうあるわけではありません。

入社3日以内の新人が「難しすぎる」と感じる一番の原因は、先輩や店長による新人教育の下手さにあります。多くの場合、「簡単なことを難しく、難しいことをより難しく」伝えているのです。たしかに、どんな店でもそれぞれにしっかりと練習が必要な作業もあるでしょう。そんなことは、新人も覚悟はして入社してきているのです。

しかし、「簡単なことを難しく、難しいことをより難しく」伝えてしまっては、本当は乗り越えられる壁も、乗り越えようという気さえ失せてしまうものです。

また、複数のアルバイトの先輩や社員が、入れ替わり立ち替わり教えることで、基本的な作業でもまったく逆の方法を指導してしまうことがよくあるのです。

たとえば、「プチトマトのヘタは必ず取ってね」という先輩と「これは取らなくてもいいのよ」という先輩がいたとき、新人はどっちのいうことを聞いたらいいのかがわからず困ってしまうのです。こういう小さな疑問の繰り返しが、本来は低い壁を高い壁に感じさせてしまい、自信を失わせてしまうのです。

スタッフが辞めないお店が「3日目に伝えていること」

「Eさんは、今日は3日目ね。じゃあ、今日の勤務が終わる前の30分は、私がフォローアップオリエンテーションをするわね」

スタッフが辞めないお店の店長は、入社3日目の仕事終わりの最後の30分を使って、必ず自らフォローアップオリエンテーションを行ないます。それは、初日に伝えたことの確認、さらに新人から3日間で感じた不安を全部吐き出してもらい、それを一つひとつ確実に解消していく……そういう内容になっています。

「3日間やってみてどうだった？　先輩によって教えられたことが違うとか、仕事が難しすぎて自信がなくなったとか、この先続けられるか不安……とか感じていないかな？」

新人の最初の3日間は、覚えることと疑問点がいっぱいでオーバーフロー状態です。それを一つひとつ整理して、覚える優先順位を伝え、疑問点については丁寧に説明を加えていく。そして、先輩による違いについては、「店長の方針」を正確に伝えるのです。

もちろん、既存スタッフに対しては、お互いのギャップをなくすべく、すぐに修正作業を行ないます。

かつて、3日以内の初期退職が多かった前出の飲食店チェーンは、全店で前項の「初日オリエンテーション」と、この「3日目フォローアップオリエンテーション」を徹底することで、3日以内の初期退職が10分の1にまで激減しました。

店長は、日々とても忙しいことと思います。しかし、店長自身が初日の1時間と3日目の30分、つまり、たった90分の新人との面談時間を確保することで、彼らが辞めてしまうことで新たに発生するさらにたくさんの仕事をゼロにすることができるのです。

さて、あなたはいかがですか？

新人との大切な90分を過ごしていますか？

アドバイス……………………………………………………

スタッフが辞めないお店の店長は、90分で何十万円もの損失を防いでいる

5 スタッフが辞めないお店は「30日目に『応援オリエンテーション』」を行なう

「先輩のAさんは、何でも親切に教えてくれるんだけれど、Bさんって、あんまり話もしてくれないんです。Bさんは私のことが嫌いなのかも?」

新人達は、勤務の初日からいろいろな不安を抱え、日々その不安との戦いを乗り越えながら、1日1日経験を積んでいきます。

3日目のフォローアップオリエンテーションでは、この先もやっていけるかどうかの不安を店長に聴いてもらいますが、現実には、まだ何の自信も付かないまま4日目を迎え、5日、6日、7日と日が過ぎていきます。そして1ヶ月……。

初めて体験する仕事でスキルが熟練し、さらに自信が付くということは、3日や1ヶ月くらいではなかなか難しいことです。なので、1ヶ月目、つまり30日目を迎えても、先輩に比べると全然うまくできないなんてあたり前なのです。しかし、この頃になると、細かな指導や教育なんてもう誰もしてくれません。ほぼ放置状態でしょう。もう学ぶべき基本については全部教わっています。お客様から見てもその新人はもう立派なスタッフのひとりなのです。

そして、店長や先輩スタッフたちから見ても、ワークスケジュール上でもプラスワンの新人ラインではなく、立派にレギュラーのラインとして扱われるのです。だから、何も言わない先輩がいても不思議ではないのです。

しかし、現実には先輩達とのキャリアの差、実力の差は存在します。

そしてその差は、先輩と同じシフトで一人前として勤務することによってよりリアルに感じられ、さらに目の前に迫ってくるのです。プレッシャーですよね。その結果新人達は、「お客様の視線」や「店長や先輩スタッフからの視線」が「こいつは、なんてできの悪い奴なんだ」「使えねえ〜」「足引っ張るなよ」と言っているように感じてしまうのです。実際は、そんなことは言っていないんですけどね。

勤務初日から1ヶ月。がんばって、がんばって、店長や先輩から日々励まされ応援されてきた新人。でも、「この店で働きたい」という高い意識と憧れで入店してきた新人達は「自己評価が厳しい」のです。何も考えずに応募してきた新人とは、自分に対する厳しさが違う人が多いのです。だから応援や励ましが聞こえないのです。で……落ち込むのです。

スタッフが辞めないお店がしている「新人応援」

「Eさん、今日はあなたが1ヶ月でどれくらいできるようになったかを、Bさんに見てもらいましょう。Bさん、1ヶ月チェックリストに基づいて確認してください。フィードバックは、1ヶ月目のフォローアップオリエンテーションとして、後で私と一緒にやりましょう」

Eさんにとって先輩のBさんは、少し苦手なタイプです。前ページの冒頭のように彼女は、あまり話をしてくれないB先輩から「嫌われているのかな?」と感じていたのです。

スタッフが辞めないお店の店長は、ややコミュニケーションが不足がちなBさんに、あえてEさんの面倒を見させることにより、それぞれが持つ課題を同時に解決しようと考えたのです。

いくらスタッフが辞めないお店とはいえ、スタッフ達もそれぞれに課題を抱えています。彼女達はスーパースターの集まりではないのです。忙しい店長にとって、そんなスタッフ達の課題について個々に教えながら、きちんと解決していく時間はありません。

あるスタッフが辞めない携帯電話ショップの店長は、こう言っています。
「スタッフが抱えている課題の多くは、人とのコミュニケーションの問題なんです。それを改善していくには、やはり人との接触回数を増やすのが一番なんです。コミュニケーションが苦手なスタッフは、どうすれば新人の不安が解消できるかなどを、相手の気持ちや相手の立場を考えさせた上でアプローチさせるんです。〝相手軸思考〟を教えてあげれば、みんなどんどん成長しますよ」

初日から1ヶ月も経つと、仕事にも慣れてきています。ここで感じはじめるのは「人間関係への不安」なのです。スタッフが辞めないお店の店長は、それを踏まえた上で、スタッフ間のコミュニケーションの量を増やすアプローチをしているのです。

アドバイス……………………

「応援オリエンテーション」で新人とスタッフの溝をなくそう

6 スタッフが辞めないお店は「3ヶ月目に『目標設定オリエンテーション』」を行なう

「私って、役に立っているのかな？　なかなか先輩みたいに動けないし……でも、もう覚えることはこれ以上ないみたいだし、このままじゃあ、私って足手纏いなだけじゃあないのかな？　もう辞めちゃおうかな……」

3ヶ月も経つと、それまでがんばってきた新人も、少しだけマンネリゾーンに入ってしまいます。毎日毎日、同じような作業を同じように行なっているだけのように感じはじめるのです。

本当は、3ヶ月前に比べるとずいぶんと成長し、店にも仲間にもたくさん貢献しているにもかかわらず、自分自身はただ単調な作業を繰り返しているだけで、あまり役に立っていないように感じはじめるのです。

なかには、「忙しくて、そんなことを考える余裕はない」という人もいるかもしれませんが、忙しさの中で「成長」「貢献」を自覚しなくなるのは「マンネリ」そのものなのです。「マンネリゾーン」に入ってしまうと、成長は止まってしまいます。むしろ、徐々にレベルダウンしはじめると言っても大げさではないでしょう。ここは非常に怖いゾーンなのです。

残念ながら、スタッフ不足で悩む店の店長は、この危険な3ヶ月目のマンネリゾーンから新人スタッフを脱出させる方法を知りません。と言うか、新人がこのゾーンに入っていることさえ気がつかないでしょう。

では、なぜ新人達は3ヶ月目にこの危険なマンネリゾーンに入ってしまうのでしょうか？

その原因は「目標がない」からなのです。

どんな店でも、入社当時は、まずは店に馴染み、そして基本事項を覚えて身につけるという基本的な目標があるでしょう。3ヶ月間くらいは、それで構わないのです。

それは、全然できていないレベルからスタートして、毎日新しいことを覚えて、どんどん成長している自分自身を感じることができるからです。しかし、3ヶ月も経つと、そんなに急激な成長はしなくなります。確実に成長はしているのですが、自分では気がつかないレベルの成長なのです。

スタッフ不足で悩む店では、それに気づかせる仕組みがないのです。

スタッフが辞めないお店がやっている「成長発見プログラム」

「○○さん、今日のランチピークの動きと笑顔、最高によかったよ！　あなたががんばってくれたので、予算売上げバッチリ獲得できたよ‼　ありがとう‼」

「はい、ありがとうございます」

「今日は、初日からちょうど丸々3ヶ月目だったよね。ずいぶん成長したね。じゃあ、もう新人用のオリエンテーションガイドは卒業だね。明日からは、この目標管理シートを使っていきましょう。じゃあ、今からこのシートの説明をするね」

スタッフが辞めないお店では、初日から3ヶ月間は、1回目のオリエンテーションで渡した「オリエンテーションガイド」と「基本作業手順書」を使って、新人を一人前のレベルに導いていきます。

そして、3ヶ月経つと今度は、さらに成長をしていくために「『店舗目標』にリンクさせた『個人の強みを伸ばし弱みを改善する目標設定』」を行なうのです。

たとえば、「お客様へのお薦め力を向上させるために、お薦めアタックを1日20回行なう。成果は、1日10回のお薦めを成功させることで評価する」といった感じです。この目標設定で大切なのは、ただ単に「〇〇を行なう」の行動レベルではなく、「〇回成功させる」という成果レベルで評価していることです。行動は、あくまで成果を得るための手段なのです。

このように、具体的な行動と成果の目標を設定し、この行動と成果に対して毎日店長や先輩からフィードバックを行なうのです。これをすれば、マンネリゾーンになんて入っている暇はありません。スタッフが辞めないお店では、3ヶ月目を迎えたら、この目標設定のためのフォローアップオリエンテーションを行なうのです。

私が、かつてお世話になったマクドナルドやとんかつ新宿さぼてんでは、これらはあたり前のスタッフの成長プロセスになっています。

さて、あなたの店ではいかがですか？

3ヶ月目の新人が、マンネリゾーンに入っていませんか？

アドバイス

「目標設定オリエンテーション」でマンネリゾーンを脱出しよう

3章

スタッフが辞めない

「店長のリーダーシップ」

1 スタッフが辞めないお店の店長は「感情」をコントロールしている

「おいこら！　何やってんだよ～、違うだろ～ちゃんとやれよ!!」
「やべえ～、今日も店長機嫌悪いぞ～～」

店長でも店で働いていると、不思議なことにお客様の視線を感じなくなることがあります。スタッフがうまく動けていないときや、店全体がドタバタしているときなど、気持ちに焦りが出てくると、すぐ近くにお客様がいるにもかかわらず、目の前のスタッフしか目に入らなくなるのです。

そして、その結果、感情をコントロールできないレベルの店長はスタッフにきつく当たってしまうのです。見たくはない酷いシーンですが……実はよく見かける光景なのです。

こんなシーンがあるのは、飲食店だけではありません。

先日、新宿の有名百貨店でも同じような場面に遭遇しました。家具売場の女性ベテランスタッフが、女性若手スタッフに対して、「あなた！　何を考えてこんな伝票作ってるのよ！

こんなんじゃあ発注できないでしょ！　すぐに作り直してきてちょうだい！　もう～まったく！　しっかりしてよ!!」と叱っているシーンに出くわしたのです。

その方達と私との距離は約２ｍ……私の耳にもしっかりと、その声を聴き取ることができる距離でした。

この女性ベテランスタッフの視野の中には、私も入っていたはずなんですけどね……。

店長のイライラが爆発するのは、スタッフにとってはストレスがたくさん襲いかかる瞬間です。当然ながら、店舗内の雰囲気は非常に悪くなります。そして、その雰囲気はお客様の気持ちさえも暗い気持ちにさせるのです。そんな気持ちになったなら、もうそんな店には来たくなくなりますよね。

スタッフ不足に悩む店で、スタッフに対する「従業員満足度調査」を行なうと、「店長から感情的に怒られる」「人前で叱られる」という回答が多い傾向があります。

スタッフが不足していて忙しく、店長自身も疲れがピークに来ているのでしょう。

事情や気持ちはよくわかりますが、それ自体が「スタッフが辞めてしまう原因」のひとつになっていることを、店長やエリアマネジャーは理解しなくてはなりません。

スタッフが辞めないお店の店長がしている「感情コントロール」

そんな感情コントロール策として、私がお勧めするのは「わざと周りの視線を感じる仕掛けを作ること」です。「周り」、つまりスタッフやお客様から見られているということが自覚できるだけで、爆発しそうになる感情をある程度は抑え込むことができます。

あくまで、「ある程度」ですけどね。私自身は、2冊目の著書『これからもあなたと働きたいと言われる店長がしているシンプルな習慣』（同文舘出版）の中でもご紹介しましたが、店のいたるところに「鏡」を置いて自分で自分の視線を感じるようにしたり、ベテランスタッフに私の頭に水をかける役目をお願いしたり（実際にかけるわけではない）、イライラしてきたときに、赤い風船が膨らむセルフイメージを持てるように訓練をしたりしました。

ある、スタッフが辞めないイタリアンレストランの店長は、このように語っています。

「僕は、いつも自分の接客、スタッフへの指示などは、今ご来店くださっているお客様を審査員としたオーディションだと考えているのです。なので、店に出ているとき、店の近くを歩いているとき、いついかなるときも、お客様の視線を感じながら『この店の店長って感じがいいね』と思ってもらえるように気を遣い、気を抜かないようにしながら行動をしています」と。

彼は、接客中はもちろんのこと、ホールを巡回中の自分の表情、スタッフへの指示の仕方、声のトーンなど、すべて「自分は見られていて評価・審査されている」ことを意識して行動しているのです。

スタッフが辞めないお店の店長は、自分自身が「店舗イメージ」の手本であることを自覚し、それをもとに「感情コントロール」をしているということです。

さて、あなたはいかがですか？

もし、まだまだだなあ～と思うなら、彼らの方法をチャレンジしてみませんか？

アドバイス

爆発しそうな感情は、オーディション気分でコントロールしよう

2 スタッフが辞めないお店の店長は「部下の間違いや変化」にすぐに対応する

「Bさん、そのネイルかわいいね～。でも、仕事じゃあヤバくない？」

「大丈夫！　店長何も言わなかったもん！　さっき私のネイルをはっきり見たけどスルーしてた」

「へえ～、オッケーなんだ！　じゃあ、私もやって来よっと！」


ビシッと言わなければならないときに言わない……いや、言えない店長がいます。

その結果、スタッフのモラルは低下し、それがサービスレベルの低下につながり、ひいては売上げの低下につながる。また、そんな低モラルのスタッフがいる店には、「ここで働きたい」と言う希望者が集まるわけもなく、徐々にスタッフ不足に悩む店への道を歩むのです。

もっとも、そんな店の売上げは下がっていきますから、スタッフ不足にはならないかもしれませんけどね……。

では、なぜこの店の店長はスタッフの問題点に対してビシッと言えないのでしょうか？

それは、「厳しく言ったことで、機嫌を損ねて辞めてしまうのが怖い」からなのです。

札幌のある焼き鳥チェーン店の店長は、こう言っていました。

「以前、スタッフ在籍数がギリギリの頃は、ひとりでも辞められたらまずいと思って、ついつい甘くなっていました。まるで腫れ物に触るような感じでスタッフに接していたのです。しかし、そのせいで何事も厳しく言えなくなり、キャンペーンも盛り上がらないし、店内もギスギスした感じになってしまいました。スタッフ数が充足した今では笑い話ですけどね」

彼は、元々強いリーダーシップを発揮するようなタイプではなく、じっくりと話しながらチームを引っ張っていくタイプです。しかし、あるスタッフを少し厳しく叱ったときに、そのスタッフが拗ねてしまい、結局辞めてしまったことがトラウマになっていたのです。


オリエンテーションの項でもお話ししましたが、挨拶、態度、返事、笑顔、大きな声、時間管理、身だしなみなどの基本的事項は、いかに店長がビシッと指導できるかで、その店の規律を左右するのです。これは、優しいとか厳しいこととは関係がありません。

中途半端にコーチングを学んだ店長やマネジャーが、変に優しくなる傾向がよくあるのですが、ダメなものを正すことができないのは、本当の優しさでもコーチングでもありません。

スタッフが辞めないお店の店長の「すごい観察力」

「Bさん、ちょっといいかな？　あなたのそのネイルについて話を聴かせてほしいんだ」

青森のあるお持ち帰り総菜店の店長は、とにかくスタッフの変化に対する発見が早いのです。

彼女は、スタッフの小さな変化も見逃さないし、見つけたら躊躇せずにすぐに面談をセッティングしてスタッフの話を聴くのです。

なぜ、すぐに面談をするのかについて彼女に聴いたところ、

「発見したらすぐに聴かずに時間を置いてしまうと、問題について私が認めていると勘違いする子がいるんです。それに、小さな芽のうちに解決をしておいたほうが後で楽ですからね」

スタッフの問題点について、すぐに事情を聴けずに、「様子を見よう」とか「後で聴こう」などと言って先送りする店長は、その問題が大きくなってからあわてて対応しようとします。すると、解決までにかえって時間と労力がかかってしまうのです。さらに、その問題の解決に時間がかかると、他のスタッフへも波及してしまい、収拾がつかなくなってしまうことがあるのです。

スタッフは、時間管理や身だしなみだけでなく、個人的な人間関係などの問題もたくさん抱えているものです。たとえプライベートな問題であっても、それが仕事に影響を与えていると判断した場合は、すぐに本人から話を聴いて、考えさせたりアドバイスをすることが大切なのです。

ほとんどのスタッフは、自分の中にも何らかの問題があることを、本音では自覚しているものです。そこに素早く触れるか、見て見ぬ振りをするかで、店長への信頼度は大きく変わります。スタッフは「店長が厳しいから辞める」のではないのです。問題を放置するから辞めるのです。問題を見つけたら、すぐに解決しようとする店長なら、辞める必要などないですよね。

アドバイス

スタッフの変化を見つけたら、躊躇せずにすぐに話を聴こう

3 スタッフが辞めないお店の店長は「自分が見られていること」を意識している

1）「ご注文は以上でよろしかったですか？」
2）「いいじゃん、レタスがちょっとくらい茶色くても……」
3）「はあぁ〜、キツイよ〜。俺だって休みがないんだよ」

あなたは、店長からこのような言葉を聞いたことはありませんか？
実は、これらの言葉は、実際にある店で店長の口から出ていた言葉なのです。
信じたくはありませんが、現実的にはこのような言葉を発する店長はたくさんいます。
正直言うと、3）は私も言ったことがあります（反省……）。

さて、店長の口から出るこれらの「低モラル言葉」。
スタッフたちの「辞める、辞めない」に大きな影響を与えていることをごぞんじでしょうか？　基本的に、スタッフは「店長自身が思っている以上に店長のことを見ている」のです。

店長を見ることで彼女達は、店長から強い影響を受けています。

その店長が、優れたお手本となるような店長である場合は、そのプラスの影響は店のレベルアップに役立っています。

ところが、冒頭のような間違った言い方やネガティブな発言を繰り返すような店長も、スタッフに対して、その態度そのものが大きなマイナスの影響を与えているのです。

残念ながら、スタッフ不足に悩む店の店長の中には、このようなマイナスの影響を与えている発言や態度を取っている店長が多くいます（全員とは言いませんが）。

そして、恐ろしいことにそんな自分のことを、スタッフが真似をしていることに気がついていない店長もまた多くいるのです。

良きにつけ悪しきにつけ、店長という立場は、非常に影響力の大きな立場です。店長自身にそんな自覚がなくても、スタッフはいつも店長の一挙一動を細かく観察しているのです。

店長がスタッフの変化を観察しているレベルよりも、はるかに高いレベルで見られていると言っても過言ではないでしょう。

スタッフが辞めないお店の店長の「わざとマネされる作戦」

「私は、スタッフにしてほしいなと思うことを、自分自身が意識的にやるようにしていました。厳しく言ってやらせるよりも効果的なんですよ。まあ、女優みたいなもんですね（笑）」

ある持ち帰り惣菜チェーンのマネジャーは、自身が店長時代に行なっていたこの作戦を「女優作戦」と名付けて、部下である店長達にそのテクニックを伝授しています。

その結果、彼女の担当エリアの店のスタッフ達は、全店が店長のモノマネを得意とするようになっていったのです。特に、店頭での試食販売などは、声のトーンやアクセントまでそっくりにマネをし、その結果、どんどん売上げを伸ばしていったのです。

私たちは、憧れの人、たとえば俳優や歌手やスポーツ選手などの「持ち物」「服装」「化粧」「趣味」などをよくマネします。歌手の場合は、カラオケなどで「歌い方」を一所懸命マネをします。桑田佳祐とか松山千春とかね。

さらに、有名な経営者の「話し方」「表情」「歩き方」などを真似をすることもあります。彼らの講演やプレゼンなどは、何度も何度も見てマネをしたりします。たとえば、スティーブ・ジョブズです。とにかく、私たちは少しでも憧れの人に近づきたいのです。

スタッフが辞めないお店の店長は、そういう人間心理を逆手にとって「やってほしいことをやってみせる」、いや「やってほしいことをいつもやり続ける」のです。

あなたも、ぜひとも彼らの「マネ」をしてみることをお薦めします。

アドバイス

スタッフが辞めないお店の店長は「女優（俳優）」である

4 スタッフが辞めないお店の店長は「ワークスケジュール作成」にこだわっている

「C君、来週のワークスケジュールは作成できたかな？　ちゃんと人件費予算内に収まるようにシフトを組んでね、よろしくね」

スタッフ不足に悩む店の店長の中には、ワークスケジュールを二番手やアルバイトリーダーに任せ切っている人がいます。もちろん、部下に仕事を任せること自体が悪いわけではありません。しかし、スタッフ不足に悩む店の場合は、本来ワークスケジュールに込めるべき重要な戦略を考慮するよう指示せずに、任せていることが多いのです。

私が実施している「スタッフが辞めないお店の作り方研修」の受講者の中には、「もともとスタッフが少ないんだから、誰がシフトを組んでも同じだ！」なんて言う店長もいます。違います！

たしかに、スタッフの総数が数名の場合は、ほぼ毎日同じメンバーで組むしかないでしょう。

また、フルタイムのパートや社員だけで運営している場合も、誰が組んでも同じようなシフトになるでしょう。しかし、ワークスケジュールの役割は、何もシフト組みだけではないのです。

スタッフ不足に悩む店のワークスケジュールには、ただ10時から19時までがAさん、12時から20時までがBさん……というようにシフト時間と名前しか書いていません。少しレベルが上がると、その日の売上げ目標や前年実績が書かれています。

もう少しレベルアップすると、客数や客単価の目標、時間帯ごとの売上目標なども書かれているでしょう。

しかし、まだその程度では「スタッフが辞めないお店」のワークスケジュールとは言えません。ワークスケジュールは、もっと戦略的に活用しなければなりません。

そこには、売上目標、キャンペーン目標だけではなく、スタッフの個人目標やチーム目標など、店全体だけではなくスタッフ個人の目標を細かく記載することが重要なのです。

スタッフが辞めないお店の「成長見える化ワークスケジュール」

「店長……この日のランチの時に、Gさんにドリンカーをチャレンジさせたいんですが、やっていいですか?」

「もちろんだよ! そろそろそのタイミングだと思って、それを考えたワースケにしておいたよ。あとはポジションを記入するだけなんだけど、少し君の意見を聞かせてくれるかな」

たとえば、あなたの店のワークスケジュールには、スタッフ個人別の育成計画が記入されていますか?

ある焼き肉チェーンの店長は、ワークスケジュールについてこう言っています。

「ワースケの基本は、目標売上げに基づいたシフト組みなんですが、私はそれに加えて、あらかじめ時間帯ごとのポジションも記入しておくようにしています。それと、各スタッフの今月の目標に基づいて、その日のチャレンジ目標も記入しています。最近は、この目標の記入をスタッフ各自が行なうようになってきました。ポジショニングについても、ベテランたちがピークをスムーズに回すための最適な配置を考えるようになってきたんです。ワースケに徹底的にこだわることで、やるべきことが具体的にわかるので、スタッフたちの主体性が高まり、目標売上げもスタッフの個人目標も達成率がアップしてきたんですよ」

後でお話をする「個人目標」「教育システム」「売上げと利益」とも関連してくるのですが、いくら店の月間目標や日別目標があり、それを達成させるための販促やキャンペーンなどがあっても、店長やスタッフが最大限のパワーを発揮できないと、その効果は期待通りのものにはなりません。本社や上司のかけ声だけでは、目標の達成はできないのです。

では、どうしたら現場の力を活かせるのでしょうか？

それが、ワークスケジュールを使い尽くす作戦の目的なのです。

スタッフが辞めないお店の店長は、このワークスケジュールに、人材育成計画をリンクさせて日々運営することで、スタッフのやる気と成長を向上させ、スタッフ自身の仕事の満足度をも向上させているのです。ここまでやったら、辞めたくなくなりますよね。

アドバイス

ワークスケジュールには、売上目標とスタッフ成長目標を書き込もう

5 スタッフが辞めないお店の店長は「聴く耳」を持っている

「あのう、店長……ちょっとお話があるんですが……」

「ええ〜、今忙しいから後にして！」


スタッフが何か相談したいことがあっても、今は忙しいと言って、その場で話を聴かない店長がいます。こんなとき、スタッフはどんな気持ちになるでしょうか？


「じゃあ、今月の面談を始めるね。まず、あなたの課題だけど……（中略）……で、明日からは、さっき話したことをしっかりと守ってやってほしいなあ。わかった？」

「はあ……私は、そうではなくって、こうしたほうがいいと……」

「いいの、いいの、あなたの問題点は、さっき言った通りなんだよ！　いろいろ考えるよりも、まずはそれをやってみようよ」

せっかく面談で、スタッフが、自分の意見を言おうとしても、それを制止して自分の考えを一方的に伝える店長がいます。伝えること自体はとても大切なことなのですが、スタッフは一方的に聴くだけ……それではまったく意味がありません。

このように、常に一方的に指示、指摘、指導をするコミュニケーションスタイルでも、ある程度スタッフは成長します。考えさせたり意見を言わせたりするよりも、ポイントをついた指導をすることで、効率よく素早く課題をクリアできるでしょう。

しかし、それはあくまで初期段階だけの話です。

スタッフも、日頃の生活でもいろいろな経験をしています。そして、彼らも考える頭を持っています。

「自分はこうしたい」、「自分ならば、こっちのほうがうれしい」

そんなふうに考え始めたとき、店長が何も話を聴いてくれないと、自分の存在意義や価値が否定されているように感じるのです。

悩みや疑問や不満を持っているときも同じです。スタッフは考えているのです。

そんなときに、すぐに解消できないと、どんどんと悪い方向に考えてしまうのです。

そして辞めてしまう……。

スタッフが辞めないお店の店長がしている「話を聴く習慣」

「さあてと、Hさん、今日のランチの状態について反省会をしようか」
「はい、ちょっとドタバタしちゃいましたね。あれは、私に問題があったと思うんです」
「なるほど、では原因分析の前に、先に明日はどうするかについて、君の作戦を聴こうかな？」
「はい、実は、いいことを考えたんです……」

店長が、興味や関心を持ってスタッフの考えや悩みを聴く姿勢を示すことで、スタッフたちは前向きな意欲を発揮しはじめます。

同時に、いつも店長に対して報連相をするようになってきます。

スタッフから、自主的に報連相をしてくれるようになると、店長はずいぶんと楽になるのです。問題の目を、いち早くつかむことができますからね。

あるアパレルショップの店長はこう言っています。

「最初は、忙しいときに相談を受けたりすると、『忙しいときにやめてよ』なんて思っていたんですが、私がいつでもちゃんと聴く時間を取るようにしていたら、スタッフも安心したからか、忙しい時間帯をちゃんと避けて相談してくれるようになったんです。そうそう、この陳列なんですけど、彼女たちからの提案でひと工夫したんですよ。そうしたら、お客様の問い合わせがすごく増えたんです！　もちろん売上げもね！」

スタッフとのコミュニケーションは、忙しい店長にとって、ともすると仕事の邪魔のように感じることもあるでしょう。しかし、実はそれはまったく逆なのです。

スタッフの話を聴く時間を増やせば増やすほど、スタッフたちのやる気は向上します。話して説明することも必要ですが、それ以上に話を聴く姿勢は、スタッフが辞めないお店づくりに不可欠な要素なのです。

アドバイス

聴く耳を持っている店長には、たくさんの大事な情報が集まってくる

6 スタッフが辞めないお店の店長は「いつも楽しそう」に仕事をしている

「うちの店長って、何だかいつも辛そうだよね……特にマネジャーが来たときは、本当に苦しそうな表情をしているなあ。なんだか見ちゃいられないよね」

日頃からスタッフ不足に悩む店の店長の中には、元気がなく辛そうにしている店長がたくさんいます。

たしかに、スタッフが少ないので自分の休みも減るし残業も増える、そのせいでいつも疲れた状態でしょう。

そんなときに臨店してくるエリアマネジャーは、そんな店長に追い打ちをかけるように、売上げ、利益の予算達成率、人不足問題、お客様からの苦情、ミステリーショッパー（覆面調査員）の指摘事項改善計画など……矢継ぎ早に課題を突きつけて来ます。

こんなときに、明るく元気で楽しそうに仕事をしようなんて、とてもとても無理なお話ですよね。

彼らの、「ハア〜」というため息が聞こえてきそうです。

ところが、スタッフが辞めないお店の店長は、まったく逆なのです。

いつも、元気で楽しそうに仕事をしています。エリアマネジャーが訪問して来ても、笑顔で大歓迎です。目標や課題を提示されても、目を輝かせながら達成や解決に向けて燃えているのです。

いったい、この2人の店長は何が違うのでしょうか？

表面的に一番に違うのは、上司から指示や指摘をもらったときの反応の仕方です。

たとえば、本社で仕入れたワインが各店に大量に送り込まれたとします。

スタッフ不足に悩む店の店長は、眉間にしわを寄せて「えええええ〜、またですか……年末なのに倉庫に入りきりませんよ〜」というようにネガティブに反応します。

一方で、スタッフが辞めないお店の店長はと言うと、「やった〜、ラッキー!! これをお薦めすれば、お客様に喜んでいただけますよね。早速スタッフミーティングで、作戦を考えますね！ よ〜し！ 燃えて来た!!」と、嬉々として受け止めるのです。

この2人の差は、いったいどこからくるのでしょうか？

いつも楽しそうな店長がしているシンプルな習慣

「ラッキー！　ついてるぜ！」「チャンス！　儲かった」「グッド！　やったぜ」


いつも楽しそうに仕事をしている店長には、このような口癖があります。

こんな口癖を毎日そばで聞かされると、スタッフたちも何だかラッキーな気がしますよね。

ラッキーな人が発散するポジティブオーラは、周りの人もラッキーにするのです。

ちょっと論理的な表現ではありませんでしたが、元気な人の元気が周りを元気にするのと同じようなことなのです。本当についているかどうかと言うよりも、そのような気持ちで物事を受け止めると、たとえそれがたいへん難しい仕事であったとしても、それを乗り越える方法が見えてくるものなのです。


「チャンス！　ラッキー！」が口癖の、ある西東京のイタリアンの店長はこう言っています。

「大量のワインを送り込まれたとき、それが強力な武器と思えるか、めんどうくさい仕事が増えたと思えるかは、『いつもお客様に喜んでいただくために何かをしたい！』と考えているかいないかの違いだと思うんです。僕もスタッフも、いつもそんな話ばかりしているので、あのワインが来たときに全員が『ヤッタ～』って叫んだんですよ！『これを使えば、クリスマスはもっと盛り上がる！』ってね。そんなことを考えていると、仕事って楽しいじゃないですか!!」

店長が、いつもこんな感じでポジティブだったら……。辞めたくなるスタッフって、出てくるはずがないですよね。店長の仕事は、「スタッフに仕事の楽しさを教えること」です。そのためには、まず自分が仕事を楽しまないといけませんね。

さて、あなたはいかがですか？
楽しい？　それとも、苦しい？
ラッキー？　それとも、めんどうくさい？

アドバイス……………………………………

お客様やスタッフに楽しんでもらいたいと考えていれば自分も楽しくなる！

4章

スタッフが辞めない

「個人目標と評価制度」

1 スタッフの「個人目標と教育の進捗が把握できる仕組み」を作ろう

「私って、いつになったらCランクからBランクに上がるんだろうな～」

スタッフが「この店で仕事を続けたい」と考える第1の要因は「報酬」ですが、実は第2の要因は「自分が成長できる場所かどうか」なのです。これは、1000名以上のスタッフに従業員満足度調査をした結果わかったことです。彼らは、たいへんまじめに「成長」を望んでいるのです。

そんなスタッフが、「自分が成長したこと」を自覚するのは、「目標を達成したとき」と「店長や先輩トレーナーに認められたとき」です。

これは、ほめ言葉からでも自覚できるのですが、最も強く自覚できるのは「タイトルアップ」、つまり昇格するときなのです。昇格は、店長が正式に認めたお墨付きなわけですから、強く「成長」を自覚できる瞬間なのです。

ところが、スタッフ不足で悩む店の中には、そんなスタッフのやる気を高め、仕事の満足度を高める「タイトルアップ（昇格）」をうまく活用できていない店が多いのです。

たとえば、きちんと「昇給や昇格」を行なっているにもかかわらず、今ひとつスタッフのやる気が高まらず、その後の成長も期待したほど伸びないということはないでしょうか？

実はその原因は、「昇給や昇格」のタイミングの悪さにあるのです。タイミングとは、スタッフ自身が「自分は、ここまでできるようになったぞ」と自覚したときです。タイミングの悪い店はそのタイミングで、店長やトレーナーがそれを認めていないのです。

スタッフが求める「成長環境」の中で大切なポイントは、「店長が見ていてくれること」「自分のことをわかってくれていること」です。それには、自己評価と上司評価が一致することが大切なのです。

それを一致させずに、上司が一方的に部下を評価したときは、それが早すぎても遅すぎても、部下自身は納得がしにくくなるのです。

スタッフ不足で悩む店は、そのタイミングがずれ、スタッフが辞めないお店は、そのタイミングがもののみごとに一致しているのです。

スタッフが辞めないお店の自己評価と上司評価の一致方法

「Gさん、おはよう！　Gさんの、Bランクチェックは、残すはディナーのドリンカーだけだったよね。今週の土曜日のディナーでチャレンジしてみようか？」

「え！　やったあ～！　そろそろチャレンジしたいなと思っていたんです！　じゃあ、今日のディナーも、ドリンカーやらせてください！　さあ練習しなくっちゃ!!」

自己評価と上司評価……自己は一人ですが、スタッフにとっての上司は、店長だけでなく、二番手社員やベテラントレーナーなど大勢います。上司評価を一致させるには、これら複数の上司の見方を一致させなければなりません。その方法は、「成長の見える化」なのです。

たとえば、マクドナルドならば「作業手順書」だけでなく、「タイトルボード」。それに加えて「名札」にも、教育訓練と成長の進行が、色分けのシールやグラフなどですぐにわかるような工夫がされています。いわゆる「見える化」が徹底されているのです。

そして、それぞれがリンクし、毎日進行内容が一致するように、更新作業が行なわれているのです。デジタル時代にきわめてアナログな方法ですが、彼らはどこの店でもこの更新を徹底しています。

これらの更新ステップは、次の通りです。

ステップ1：スタッフ自身が、自分用の作業手順書の項目ごとに、会得・習熟などの自己チェックを行なう

ステップ2：先輩トレーナーが、作業項目ごとに習熟度をチェックし、手順書とタイトルボードと名札にその状況を書き込む（もしくは、対応したシールを貼る）

ステップ3：最後は、店長がそれらを毎日確認し、ワークスケジュールに次のチャレンジ項目を書き込む

これらの更新作業を徹底することにより、誰が営業中の店内リーダーであっても、スタッフたちは新たなステージに上る練習とチャレンジができるのです。このように日々自分の成長を、周りが把握してくれていると、さらなる成長への意欲が湧きますよね。

● アドバイス ……………………………………………

目標と成長の「見える化システム」の更新を徹底しよう！

2 スタッフが「憧れの先輩を目指す仕組み」を作ろう

「Kさんって、この店に入ってどれくらいだっけ?」

「そうですね〜、そろそろ半年くらいかな〜」

「もう半年か〜、早いね。ところでKさんは、どんな感じのスタッフになるのを目指しているの?」

「え〜、わかんないです! もうこれ以上何かを覚えるのもめんどくさいしなあ〜。先輩たちはみんなすごいので、とてもとてもあんな風になれそうにないです……」


一般的には、店で仕事していると「憧れの先輩」などができてくるものです。

どんなに忙しいときでも、笑顔を絶やさず元気に仕事をするスタッフ!

何人ものお客様を掛け持ちしても、ミスひとつせずに的確に注文をこなしていく先輩!

お客様へのお薦め獲得成功率がほぼ100%のカリスマ先輩!

あなたの店にもそういうスタッフがいますよね。

もちろん、スタッフ不足で悩む店にもそういう優れたスタッフがいることがあります。

ところが、スタッフ不足に悩む店では、新人スタッフたちは、そんなカリスマスタッフのことを目指していなかったりするのです。これは、もったいないですよね。

すべてとは言いませんが、そういうケースが非常に多いのです。

これは、なぜなのでしょうか？


それは、「憧れの先輩を目指すこと」が仕組み化されていないからなのです。

「仕組み化」されていないと、その店の店長やスタッフの個人的な考えやスキルで部下教育をしていくことになるので、店全体に浸透させることは難しいのです。


しかし、「仕組み化」ができていると、新人時代からまだ雲の上の存在のようなベテランスタッフを「目標とする憧れの先輩」として目指すようになります。

繰り返しますが、この「憧れの先輩を目指す」ということが仕組み化できていないと、スタッフたちは一定のレベルで満足してしまい、そこで成長が止まり、それが結果的には「仕事の満足度の低下」につながるのです。

スタッフが辞めないお店の「憧れの先輩を目指す仕組み」の作り方

「さあ、Bさん。1ヶ月やってみてどうだったかな？　あなたが目指しているAさんのようなスタッフになれそうかな？」

「いやあ〜、さすがにまだまだです……だけど、笑顔だけならかなりAさんに近づいたと思います。もっとがんばって、一歩一歩Aさんに近づきたいですね」

新人スタッフにとって、店内に「憧れの先輩」がいることはとても幸せなことです。レベル的にはまだまだ雲の上の存在でも、話をしたり指導してもらえるチャンスがあるのです。同じ店の中にいるのですから、そんなことはあたり前なのですが、「憧れの先輩を目指す」という仕組みにしてしまうことで、新人たちはただの先輩ではなく、「羨望の眼差し」で先輩を見つめることになるのです。そして、彼らは「マネをする」というレベルから「完全コピー」を目指すという意欲がわいてくるようになるのです。

このような後輩達の意欲は、先輩スタッフにとっても緊張感と真剣さを感じさせることになります。お互いにとって、きわめて刺激的な関係ができ上がるのです。

かつて、「憧れの先輩」として後輩たちから注目されていたある飲食店チェーンのエリアマネジャーは、こう言っています。

「正直、そう思われるのはたいへんでした。下手なところを見せられませんからね。でも、おかげで彼らよりも僕自身の方がそのことで成長できたように思うんです。現在、僕の担当エリアでは、憧れの先輩への弟子入り制度を作ったり、完全コピーについても、どこまで似ているかを評価の対象にしたりしているんです。今度は、モノマネコンテストでもしようかな、と思っているんですよ」

まだこのチェーンでは、このモノマネコンテストは実現していませんが、本当に実施するときは、私も審査員で参加したいと思っています。

また、この「憧れの先輩を目指す仕組み」は、実際に離職率の低下にも大いに役立っているのです。だって、辞めたくなってもこの先輩がひと声かければ思い留まりますからね。

アドバイス

憧れの先輩を完全コピーする仕組みを作ろう

3 スタッフに「役割」を持たせよう

「Wさん、キッチンのグリストラップの清掃をお願いね」
「え〜、また私ですか……。他の人にもやらせてくださいよ〜。私ばっかりじゃあないですか〜」

スタッフを成長させるには、店の基本作業を習得させて熟練させていくことが不可欠なことは誰でもわかっています。しかし、スタッフが辞めないお店の場合は、そんなレベルでは終わりません。店に関わるすべての仕事について、スタッフがハイレベルで習得することを目指しているのです。彼らは、そのことがスタッフの人間的な成長にもつながることを知っているのです。

ところが、スタッフ不足に悩む店の場合は、店長自身が、基本作業以外は「プラスアルファの仕事」と考えているため、これらをスタッフたちに行なわせるだけでもひと苦労しているのです。

たとえば、冒頭のような「グリストラップの清掃」。はっきり言って、汚くて臭くて冷たくてドロドロした仕事です。昔、初めてグリストラップを見たときは、私も思わず腰が引けた記憶があります。

しかし、飲食店である以上、ほとんどの店でこのグリストラップの清掃作業はついて回ります。先ほども言った通り、店長自身がこの仕事を「プラスアルファの仕事」と捉えていると、スタッフにこの仕事をさせるときに、「指示」ではなく「お願い」をすることになります。そして、店長のそのような態度が、そのままスタッフの勘違いを生むことになるのです。

これは、年末年始やクリスマスのシフトインや、クリスマスケーキや恵方巻き、おせち料理などの販売強化、簡単なことならチラシ配りでも同様です。

これらを「プラスアルファの仕事」、つまり「よけいな仕事」として心の底で考えていると、辛い仕事、嫌な仕事、やりたくない仕事になってしまうのです。

しかし、スタッフが辞めないお店では、これらの仕事は「素人には任せられない特別なスキルが必要な仕事」「みんなの役に立つ仕事」「やりがいのある仕事」として位置づけられています。なので、店長以下、これらの仕事に高いレベルでこだわりを持つスタッフしか担当できないのです。

スタッフが「自ら仕事を作る」と、楽しくなって店を辞めない

「WさんとSさんとRさんの担当は何だっけ?」
「私は、トイレの臭い取りとディスプレイです! まあ、トイレのことなら任せてください!」
「私は、スタッフの誕生日のサプライズ係です! 今週は○○さんが誕生日〜、盛り上げるぞ〜」
「私は、資材配送のお兄さんにおしぼりとドリンクを出す担当です! いつも暑い中たいへんですものね〜」

汚い仕事や辛い仕事は、誰もが避けたくなる仕事だと思われがちですが、私の友人のトイレメンテナンスのプロは、その仕事に命とプライドをかけて取り組んでいます。トイレがきれいなことは、日本が誇る文化だという自負があるからです。彼は、常に最高のトイレ環境構築を目指しているのです。

ある焼き鳥店の、グリストラップ担当のスタッフも同じです。

彼は、店長もしくはトップレベルのスタッフしかさせてもらえなかったこの仕事を、何度も自分がしたいとアピールし続けて、ようやく獲得しました。彼の目標は、自分が清掃した

後のグリストラップを、新品レベルにすることなのです。

この店の他のスタッフも、彼同様に何らかの担当を持っています。

それらは、すべて店の運営に関わる大事な仕事です。しかし、マニュアルにも標準作業書にも、どこにもそれは書かれていません。すべてスタッフ自身が、「この仕事はお客様やスタッフに喜んでいただくために必要だ」と考えて主体的に提案し、店長が承認して担当しているのです。

彼らは、おいしいものを楽しく食事していただくという飲食店の基本にとどまらず、もっと喜んでいただくための「一見必要なさそうな仕事」を自ら掘り起こしているのです。なかには、5つも6つも担当を持っているスタッフもいます。

この店の店長は、そうやってスタッフに「貢献」と「責任」を学ばせて、成長する環境を作っているのです。

アドバイス

よけいな仕事などひとつもない！　それがスタッフの成長を支えているのだから！

4 スタッフの「目標は成果目標と行動目標の両方」を設定しよう

「今日の目標は、フェア商品を20個売ることだ！　みんながんばろう！」

どこの店にも、「今日の目標」はあると思います。目標もなしに、「予算だ、前年だ」とか、「売れている、売れていない」なんて言えませんからね。

また、同様に「フェアやキャンペーンや新商品」の販売目標などもあるでしょう。何はともあれ、どこの店でも「目標」に向かって毎日毎日がんばっているのです。しかし、いくら目標があっても、それらはいつも達成できるわけではありません。

目標をわずかに下回ったり、半分にもいかなかったり……なんていうときもありますよね。

一方で、目標以上を売り続ける優秀な店もあります。目標の2倍を売りまくる店もあるくらいです。

これらの店は、いったい何が違うのでしょうか？

目標に到達しない店も、別にサボっているわけではありません。一所懸命に「売る努力」をしているはずです。しかし、目標にいかない店はいかないのです……。

実は、がんばっているのに目標に到達できない店のほとんどが、冒頭のような指示をしていることが原因です。このような指示では、いくら目標があり、それが具体的であってもなかなか到達はできないのです。

その理由は……、

「目標に到達するために、どんな行動を、誰がどのレベルでどれくらい行なうのか？」

これが不明確だからです！
冒頭のシュプレヒコールのような指示では、ただの気合と根性なのです！
まあ、それで売れるのなら、それでもいいんですけどね……。

スタッフが辞めないお店の「行動目標」の活かし方

「今日の目標は、フェア商品を20個売ることだ！　そのために、AさんとBさんは、それぞれホールですべてのお客様に100%フェア商品をお薦めしてください。今日は、50組くらいのお客様が来るだろうから、50回は実施できるよね！」

いつも目標を達成できる店は、どのような行動が成果に結びつくか、つまり何をすれば目標に到達できるか、を具体的に考えて行動しています。

逆に、いつも目標を達成できない店は、ゴールまでの道順を伝えずに気合いと根性だけでがんばらせようとします。そのがんばりが、たまたまゴールに近づく道順なら、ラッキーなことに到達できることもあるでしょう。しかし、道順を伝えない目標指示は、いつもうまくいくわけではないのです。

いつも目標を達成するカフェチェーンの店長は、こう言っています。

「フェアの前には、購入成功率の高いお薦めテクニックをみんなで考えて、あらかじめ別の商品で試しているんです。そして、どんなお客様に、どんなタイミングで、どのような言い方でお薦めすればいいか、それを1日に何回する必要があるのかなどについて、細かく検討してやることを決めちゃうんです。いくらいい方法があっても、実施しないと売れませんからね。売れる方法を何回も繰り返す！　これが大切なんです」

そうして彼女たちは、お互いに「何回チャレンジしたか？」「何回成功したか？」「どういう方法が効果的だったか？」などについて共有をするのです。

彼女たちは、「何を何個売る」だけではなく、「どんな方法を何回する」ことも目標に置いているのです！

彼女たちのこの目標設定を「行動目標」と言います。

彼女たちは、売上個数という「成果目標」と、売るための行動回数である「行動目標」の両方をいつも決めているのです。

だから売れるし、だからうれしいし、だから成長するし、だから辞めないのです。

アドバイス……………………

「何を達成するために、何をどれだけすればいいのか？」も忘れるな！

5 スタッフの「個人面談」は毎月必ずやろう

「店長、今日は月末ですけど……今月の面談って、私まだやっていないんですけど……」

「え〜、そうだっけ〜！　う〜ん……今日は棚卸しとかあって忙しいからなあ〜、今度にしようか〜」


スタッフの成長を確認するためには、毎月きちんと面談を実施することが大切です。この面談で、スタッフ個人の目標管理を行ない、その進捗などを確認していくのです。

ところが、スタッフ不足に悩む店の店長は、この大切な目標面談を軽視しています。

きっと彼らは、スタッフにとっての「目標」がさほど重要なものではないと感じているのでしょう。

実は、これはとんでもないことなのです。

たしかにスタッフは、アルバイトやパートさんがほとんどなので、「個人が目標を持つというよりも、店長が指示した仕事だけをきちんとやってくれれば十分」という考えもあるでしょう。

しかし、それはスタッフの本当の力を発揮させるチャンスを潰していることになるのです。

スタッフ自身の立場が、アルバイトであろうと社員であろうと、彼らは、自分の成長を目指して仕事をしています。これは、多くの会社で従業員満足度調査をした結果、報酬の次に「仕事に対する満足度を高める要因」として、彼ら自身が重要視している要素なのです。

スタッフが辞めないお店の店長は、このことを非常によく理解しています。

彼らは全スタッフに、その立場の違いによらず、必ず個人目標を持たせています。そして、目標に対する進捗具合について、毎月面談でスタッフからの目標達成プランを聴き、店長からは目標を達成させるために、スタッフの能力と目標の進捗具合に応じたアドバイスをしているのです。


大事なことなのでもう一度言いますが、「スタッフは仕事を通じて自分の成長を強く望んでいる」のです。スタッフが辞めないお店を作るには、店長は、彼らが望んでいる「成長のための環境」を整えることが必須事項なのです。

そのうちのひとつが、「毎月の目標管理面談」なのです。

スタッフが辞めないお店の店長がしている「スタッフ面談の重要ポイント」

「店長……今日のワースケに私の面談予定が書かれているんですが、予定通り3時からで大丈夫でしょうか？」

「もちろんよ。ちゃんと目標管理シート持って来てね、よろしく！」


スタッフが辞めないお店の店長の面談の方法をご紹介しましょう。

彼らが行なうスタッフの目標管理面談は、スタッフ個人が持つ目標管理シートに基づいて行なわれます。この目標管理シートは、3ヶ月目のフォローアップオリエンテーションの時に渡されます。

その目標管理シートには、「基本作業の項目別の習熟度」や「基本作業以外の担当項目（グリストラップ担当や植木の水やり担当など）の貢献度」などが記載され、それぞれの項目にチェックが入れられるようになっています。店長は、この目標管理シートに基づいて、スタッフの自己評価を聴き、次月はどの項目のどのレベルにチャレンジするかを確認します。
※このことは、この章の最初でもお話ししましたが、大事なことなので繰り返します。

同時に、タイトルボードと名札に記入されている習熟度について、同じ内容に更新されているかを確認をします。さらに、スタッフルームに掲示されている、ワークスケジュールの中から「次にチャレンジを行なう日のワースケにその内容を記入しておく」のです。

こうすることで、トレーナーや、ベテランスタッフたち、そして二番手三番手の社員達が、そのスタッフの目標や課題を把握できる環境を整えるのです。

言うなれば、寄ってたかって全員で、スタッフを育てるということなのです。

このように「スタッフの成長」のための環境を整えて実行していくことで、スタッフは自分が求めている「成長」は、自分の努力しだいでドンドン実現できるんだということを自覚するのです。ここまでやることで、スタッフは「ここでは成長できない」などというような辞める理由は、絶対に発生しなくなるのです。

アドバイス

目標面談を毎月実施できない店長は、スタッフの成長を真剣に考えていない！

6 スタッフによるスタッフのための「評価会議」をしよう

「店長……スタッフのRさんですけど、そろそろ時給を上げてもいいですか?」
「う〜ん、まだ早いんじゃあないの〜」
「そうすっかね〜、けっこうがんばってるんですよ」
「そうかな〜、もう少し様子を見ようよ」

スタッフ不足に悩む店は、スタッフの昇給昇格の基準が非常に曖昧なケースが多い、と私は思っています。彼らは、冒頭の会話のように根拠も裏付けもない感覚的な評価で昇給昇格を決めています。もちろん、彼らには彼らなりに「考え」「根拠」はあるとは思います。

しかし、このような評価方法では、昇給昇格をしたときはまだいいのですが、しなかったときは、被評価者であるスタッフは納得がいきません。

世の中には、数多くの「評価制度」があります。しかし、私の知る限り、完全にしっくりと納得感の高い仕組みほとんど存在しないように思います。私自身も2つの大きなチェーン店で社員やアルバイトの評価制度づくりに関わりましたが、どの評価方法や基準にも一長一短があり、被評価者全員が納得できる仕組みを作ることは至難の業でした。

ただ、制度や基準そのものについて完全には納得できなくても、会社として定めた基準が具体的であれば、「上司が、何をどのような基準で判断して評価したのか」については、きちんと部下に説明ができるはずなのです。

しかし、冒頭のような、いい加減で主観的な方法で評価・昇給・昇格を行ない、それをきちんと説明できないでいると、社員はもちろんのこと、それが、パート・アルバイトであっても、やる気やパフォーマンスの低下につながり、その結果、会社や店にとって大きな損失につながってしまうようになるのです。

そんな難しい評価制度ですが、スタッフが辞めないお店を多く運営するあるチェーン店では、パート・アルバイトの評価について、他社よりもひとつステージの高い方法を取り入れています。彼らは、何と「スタッフ評価会議」を、店舗レベルで半年に1回実施しているのです。

スタッフが辞めないお店がしている「驚愕の評価会議」

「では、上期のスタッフ評価会議を始めます。まずは、ＡランクスタッフのＷさんについて、担当トレーナーのＦさん、説明をよろしくお願いします」

「はい、それではＷさんの上期の評価についてご説明いたします。彼女の上期の目標は、スキルについては、標準作業書のトレーナーレベルの項目の店長ＯＫを10カ所以上いただくことでした。次に、売上項目については、６ヶ月累計でのお薦め成功による売上アップ額を60万円獲得というのが目標でした！　それぞれの結果ですが、店長チェックについては、見事に10ヵ所ＯＫを獲得！　そして売上げについては、何と70万円の獲得を達成いたしました‼　以上の成果により、彼女の上期の評価についてはＡ評価とし、時給を20円アップすることをご提案いたします！　いかがでしょうか！」

この提案をしているのは、当時大学生のトレーナーです。もちろん、評価コメントはこのようにやりましょうというテンプレートに基づいて台本を作ってからこの会議に臨んでいるのですが、店長やエリアマネジャーによる評価会議のレベルに負けないくらいの堂々とした評価発表をしていたのです。

その結果、Aランクスタッフのwさんの評価はアップし、時給もめでたく提案通りに昇給したのでした。そして、この提案をしたFさんは、評価会議の後、Wさんと面談をし、「なぜ、評価と時給がアップしたのか」についてきちんとフィードバックを行ないました。また、この評価の結果は、事務所に掲出してあるタイトルボード上に表示され、全員にオープンにされているのです。

この事例は、アルバイトがアルバイトの評価を行なって店長に提案をしているケースですが、店舗の状況やスタッフ構成によっては、社員の2番手、3番手が同様の評価コメントを店長やエリアマネジャーに向けて発表するようにしてもいいでしょう。

いずれにせよ、目標を持ち、基準に基づいてフェアに評価を行ない、それをオープンにする。それを徹底していくことで、スタッフは納得し、さらにやる気がアップしていくのです。

アドバイス……………………………………………

スタッフ評価会議をしよう。そしてその結果をオープンにしよう!

5章

スタッフが辞めない

「スタッフ教育」

1 スタッフが辞めないお店の「現場実戦活用術」

「店長……この間、本社の研修に行っていろいろと教えてもらったんだけど、それを店でどうやってやったらいいのかがよくわからないんですよね～」

「あたり前だろう！　研修は、あくまで研修！　教室でいくらいいことを聴いてきても現場では役に立たないんだよ！」

スタッフが辞めないお店もスタッフ不足に悩む店も、両方とも人材育成には力を注いでいることと思います。本社の研修担当者が、スタッフを本社に集めて集合研修を行なったりしている会社もあります。しかし残念ながら、せっかくそうやってスタッフが本社研修を受けても、この二つの店の間には、その受講効果に大きな差が出ているのです。

スタッフが辞めないお店のスタッフたちは、研修で学んだことを店で活かす方法を現場で店長から学びます。ところが、スタッフ不足に悩む店のスタッフたちは、店に帰ってきてからは、研修はあくまで研修というように、研修そのものに何も期待されていないので、せっかく研修で学んだことを、店の仕事に活かすことができないことが多いのです。

なぜ、スタッフ不足に悩む店の店長は「研修は、あくまで研修なので役には立たない」と考えているのでしょうか？

それは、彼の「研修」に対する本質的な理解不足に原因があります。

スタッフが辞めないお店の店長は、本社で研修を受けたスタッフが帰ってきたら、すぐに何を学んできたかをヒヤリングし、それを店ですぐに活かせるように、現場でフォローアップをしていきます。彼も、研修だけでは足りないことを知っています。しかし、研修で学んだことを現場に応用させていけばより理解が深まり、しっかりと身につくことを知っているのです。

しかし、教室での研修に懐疑的な店長は、学んできたことを現場で応用させて理解を深めるという方法を知りません。自分自身が研修を受けても、いつも「時間の無駄」と考えているのです。結局彼は、大きな損をしているんですけどね。

スタッフが辞めないお店では、研修で学んだことを現場実戦でさらに理解を深めている

「この間の本社での研修で学んだことで、よくわからないことってあるかな？」

「はい、お客様へのアプローチの方法を教えていただいたんですが、うちの店ではどうやればいいのかがちょっとわかりにくいんです」

「なるほどね。じゃあ、今から私がホールでやってみるから、それを見てくれるかな」

あなたも理解しているように、研修で学んだり、本を読んで勉強しても、それだけでは単に知識が増えるだけです。知識は、現場で使ってこそ初めて「経験」になります。スタッフは、新たな経験を積み重ねるから成長をするのです。

何度もお話ししている通り、店長の仕事は「スタッフを成長させること」です。スタッフが望んでいるのは、「この店で働くことにより、もっと自分を成長させること」なのです。

この二つの行動と想いが一致することで、スタッフは「この店でもっと働きたい」と考えるのです。だから辞めないのです。

教室や事務所で学ぶ研修のことをOff the job training（オフザジョブトレーニング）と言います。これは、多くのスタッフが、同時に落ち着いた環境で知識を学ぶための効果的な方法です。しかし、教室研修はあくまで教室研修です。教室研修では「想定練習」はできても「実戦」はできません。「実戦」を行なうのは、あくまで「現場」なのです。

一方で、現場で学ぶことをOn the job training（オンザジョブトレーニング）と言います。これは、現場で「実戦練習」を行なう教育訓練法です。しかし、「想定練習」のように時間を費したり、多くのスタッフを同時に教育することはできません。

On the job trainingにもOff the job trainingにも、それぞれに長所と短所があるのです。どちらの方法が優れているというものではありません。大切なことは、それぞれの長所を活かすことです。スタッフが辞めないお店の店長は、両方の長所を活かす教育訓練を行なっています。あなたもぜひ、教室研修の学びを現場で実戦的に活かして、スタッフの成長を加速させていきましょう！

アドバイス

現場でないと伝わらない大切なことがある

2 スタッフが辞めないお店の「具体的ほめ方術」

「Mさんは、いつも明るくて元気でいいね。人気絶頂だね！」

スタッフ教育において、「ほめる」ことは非常に大切です。

スタッフは、ほめられることにより、自分のレベルや行動に自信を持つことができ、次の行動に対する意欲が高まります。

ところが、スタッフ不足に悩む店では、店長やベテランスタッフがいくらほめても、それが新人や中堅スタッフのやる気の向上につながらないのです。

それは、なぜなのでしょうか？

その理由は、「抽象的にほめている」からなのです。

新人スタッフは、初めて店長や先輩からほめられたときは、それがたとえ抽象的なほめられ方、たとえば「いい笑顔だね」「がんばっているね」「元気だね」などでも、かなりうれしいものです。

しかし、仕事を通じて徐々に成長していくと、そのような抽象的なほめ方では、「実は、この人は何も見ないで、口先だけでほめているんじゃないのか」と思うようになっていくのです。

スタッフは、成長を自覚すると、さらに自分を成長させるためには、どこをどのように磨いていけばいいのかを考えるようになります。そんなときに、抽象的なほめられ方をされていると、何がどういいのかがわからないため、徐々に欲求不満になっていくのです。

「ほめていただけるのはうれしいんですが、だんだんとそれが口だけのような気がしてくるんです。実際に見てくれているのかどうかも、疑わしい気持ちになるんです……」

と、スタッフ不足に悩む店のスタッフ達は言います。

しかし、スタッフが辞めないお店の店長のほめ方はひと味違います。

彼らのほめ方は、きわめて具体的なのです。

「具体的にほめる」と、次にすることがわかるからさらに「成長」する

飲食店の例「Mさんの、今日のアスパラガスのお薦めはとてもよかったと思うよ。特に、産地の農家さんの想いを丁寧に伝えていたところがよかったね。お客様も、ウンウンと頷いてくれていたものね」

試食販売の例「試食販売をするときに、お客様にプレッシャーを与えないように、最初は背中を向けているんだね。なかなか高度な技を使うね。腕を上げたね！」

アパレルの例「通路から店内ゾーンに一歩入ったところで、すぐにお声がけしながらお客様の近くに行っていたね。あれでいいんだよ！」

いかがですか？

彼らは、いつもこれくらい具体的にほめるのです。

すると、ほめられたスタッフは「何がどのようによかったのか？」をきめ細かく理解することができます。そして、まだほめてもらっていない部分をほめてもらおうと、自ら他の部分も意識して磨きはじめるのです。

スタッフが辞めないお店の店長の狙いはここにあるのです。

できていないところを指摘して改善をさせるのもひとつの方法ですが、自分で意識して磨きはじめる方が、より高い意欲で取り組むことができるのです。だから、レベルアップのスピードが早いのです。

そんな彼らに、いつも具体的にほめられているスタッフはこのように言っています。

「うちの店長は、ムッチャ細かくほめてくれるんですが、それはやっぱりちゃんと見てくれているからだと思うんです。絶対に、見ていないとほめられないようなことばかりですからね。なので、店長が見てくれているんだったら、もっといいところ見せちゃうぞ！　と思うんです！」

アドバイス

スタッフを具体的にほめるために「観察力」を高めよう

3 スタッフが辞めないお店の「ノンストップ教育術」

「はい、オッケー！　YさんのBランクのチェックはすべて完了です！　よくがんばりました！」

「ありがとうございます」

スタッフが、ランクアップするためのチェックを受けるシーンです。チェーン店ならば、よく見る光景ですよね。一見すると、これはこれで問題はないように見えます。しかし、スタッフ不足に悩む店では、このチェックや、その後の面談に大きな問題があるのです。

この大きな問題が顕在化してくると、スタッフはこんなことを言いはじめます。

「はあ～、私って、結構長くBランクスタッフをやっているよな～、いったいいつになったらAランクに昇格できるんだろう？　って言うか、いったい何をすれば、Aランクに昇格できるんだろうなあ～」

こんなぼやきを、スタッフがしていることってありませんか？

スタッフ不足に悩む店では、スタッフの成長意欲と店長の教育意欲にズレが生じることが多いため、スタッフが階段を上がり続けるような成長をしないことが多いのです。

つまり、このスタッフのように「階段の踊り場」に到達してから、ずっとそこに居続けるような、成長が止まってしまったような状態になるのです。

そのズレとは……「成長に対する連続性の認識」です。

スタッフは、ずっと右肩上がりで成長したいのです。現状維持を長く続けたいとは思っていません。だから、たとえばBランクに昇格したら、今度はAランクに昇格したいのです。

ところが店長は、スタッフがある程度まで成長すると、しばらくは現状維持で構わないと思ってしまうのです。

その理由は、時給アップによる平均時給の上昇と、上位ランクスタッフが増えることによる店舗組織のバランスの崩壊。この2つを嫌っているのです。

成長を停滞させるよりも、右肩上がりで成長させるほうが儲かる理由

「さあ、今日からBランクね！　よくがんばったね！　じゃあ、今度はAランクを目指していきましょう！　まずは、何からチャレンジしたいかな？」

「はい、ピークタイムのドリンカーをしっかり回せるようになりたいです」

「よし！　じゃあ、早速トレーナーのAさんと相談して行動目標を具体的にしてください」


スタッフが辞めないお店は、スタッフがずっと成長し続けることを目指しています。たしかにそうすることで、スタッフの時給は上昇していきます。しかし、いくら平均時給が上がって人件費が増加しても、売上自体が増えれば人件費率は増えないはずです。

私が、研修などでこのように説明すると、スタッフ不足に悩む店の店長はこう反論します。

「いや〜、そうは簡単に、売上げは上がりませんよ。だからスタッフのランクを上げていくと、やっぱり人件費額も率も両方ともに上昇してしまうんです。だから、できるだけスタッフの時給は低く抑えたほうが利益は増えると思うんです」


さて、あなたはこの反論を聴いてどう思われますか？

私に言わせれば、「そんなことだから、売上げも伸びないし、スタッフも成長しないし、定着もしないのだ！　喝!!　もっと頭を使え!!」という感じです。

実は、スタッフ不足に悩む店の店長の多くは、時給アップと売上アップの関係を正しく理解していません。なので、このような考えになるのです。

くわしくは、6章の「スタッフが辞めない『売上げと利益』」でお話ししますが、簡単に言うと、「目標と評価は『売上げに連動させる』」ということなのです。

売上げが上がらないのなら、時給を上げてはいけないのです。だって、店舗ビジネスはお役所ではないのですから。売上げを伸ばして利益を伸ばすのが目標なのです！

さてあなたは、スタッフの成長意欲を刺激し続けて売上げを伸ばしますか？

それとも……スタッフの成長を頭打ちにさせて、売上げもスタッフ充足も低迷させますか？

アドバイス……………………………………

スタッフは、次に何を目指すかがわかっていると、もっとがんばれる

4 ● スタッフが辞めないお店の「質問型教育術」

「ピンク色のダスターは、殺菌が必要な場所ね。グリーン色は、テーブルの上。ホワイトは、椅子などの汚れているところね。わかった?」

飲食店の客席で、ベテランスタッフが新人にダスターの使い分けについて教えているシーンです。ファーストフードやカフェチェーンなどでよく見かけるシーンなのですが、実はこの教え方は、スタッフが辞めないお店づくりをするには、あまりお薦めできない方法なのです。

どこがよくないかわかりますか?

実は、彼女は一方的に決まりごとや方法を教えているにすぎません。もちろん、これでも基本的な知識を覚えることはできるでしょう。しかし、この方法だけで教えていても、スタッフはほんの少ししか成長できないのです。単に知識を詰め込まれているだけなので、すぐに忘れてしまう可能性があるのです。

作業ルールは、忘れたり勘違いをしてしまうとたいへんなことになることがあります。特に、食品の安全衛生に関わる決まり事の場合は、重大な事故につながる危険性があります。たとえばスターバックスならば、ダスターやカップ用のシールを色分けすることによりアレルギーに対する安全性を高めています。とんかつ新宿さぼてんの場合は、野菜や肉を切る時に使うまな板を色分けすることにより、衛生レベルを高く維持しているのです。

このように、高いレベルでリスク管理をしているにもかかわらず、そのルールを一方的に詰め込むだけの教え方をすると、忘れたり勘違いしてしまうリスクがあるのです。

しかし、スタッフが辞めないお店の店長は違います。

彼らは、スタッフに理由や目的を考えさせるという「質問型教育」を取り入れています。そうすることにより、スタッフは、たとえ使い分けの種類を忘れてしまっても「大事なことであったこと」については絶対に忘れませんから、いい加減に自己判断をせずに、必ず先輩や店長に確認をするという手順を踏むようになるのです。

「教えること」とは「しゃべること」と理解してはいけない

「まずダスターですが、3種類の色があります。なぜだと思う?」

「え～っと、使う場所によって使い分けるからでしょうか?」

「その通り! では、なぜ使い分けるのでしょうか?」

「衛生面でしょうか? 綺麗なところ、汚いところ、もっと汚いところ……とか?」

「その通り!! 鋭いわね!!」


こうやって、この使い分けには重要な目的があることを、自らの口で言葉にすることで記憶を確実にさせるのです。自分で考えて、自分で発言することにより、一方的に聞かされるよりも、はるかに高いレベルで記憶に定着するのです。

それは、そのままそのスタッフの成長スピードの向上につながるということは言うまでもありません。質問をして考えて答えを出すという教育を受け続けることにより、新人は自ら考えて行動するようにもなるのです。

あるスタッフが辞めないお店のスタッフはこう言っています。

「うちの店は、店長も先輩スタッフもいつも質問の嵐なんです。ハイかイイエとか、マルかバツかなんて単純な答えを求めてこないんです。だからいつも、自分の考えを言葉にして答えるという習慣がついてきたんです。なので、自宅でも妹に対して、ついつい『それはなぜだと思う?』なんて聞くことが多いので、ちょっとうっとうしがられています。まあ、家では控えたほうがいいでしょうね」

このように成長できる店を、辞めちゃうような理由ってないですよね。

アドバイス……

「質問」をするから「考える」。「考える」から「成長」する。

5　スタッフが辞めないお店の「3×3＝9段階チェック作業手順書」

「Eさんの、ご案内の手順はちゃんと手順書通りにできているわね。オッケーよ！」

どこの店にも、作業手順を統一するための標準作業書とか作業手順書とかがあると思います。ところが、スタッフ不足に悩む店は、そんな作業手順書があるにもかかわらずスタッフの成長が遅いのです。たしかに、スタッフ不足でじっくりと教えている余裕がないことも理由のひとつかも知れません。

一方で、スタッフが辞めないお店は、作業手順書の使い方にある工夫がされています。それにより、スタッフの成長も非常に早く、また漏れなく手順を身につけていくことができるため、QSC（クオリティ・サービス・クレンリネス）の安定に大きく役立っているのです。

まずは、スタッフ不足に悩む店の作業手順書ですが、

1）項目が粗くざっくりとしている
2）各項目のチェックボックスがひとつしかない
3）個人別の目標管理シートとリンクしていない
というレベルであることが多いのです。

1）については、非常に細かく分解しているところも見受けられますが、そんなこだわりを持つところでも、2）や3）については、対応していないケースが多いようです。
ただ、最近の流行としては作業手順を動画にして共有する方法が使われるようになってきました。これは、きめ細かさという点では、箇条書きの手順書やチェックリストとは比較にならないくらいに優れていますので、手順そのものを覚えるにはかなり効果的です。


しかし、これはあくまでも「動画見本」に過ぎません。動画は、

「スタッフが何をどのレベルでできるようになっているのか？」

「スタッフは次に何をどのレベルでできるようにチャレンジすればいいのか？」

などの、成長を確認するチェックリストとは、リンクしにくいツールなのです。

シングルチェックでは全然足りない理由とは？

「Eさんは、トレーナーのサポートを受けなくても、スロータイムならば問題なく作業ができるようになったね。次は、ピークタイムにできるようになることが目標だよ。まずは、ピッツァの生地を素早くこねる練習をもっとしていこうか」

スタッフが辞めないお店の手順書チェックは、手順ごとに3段階のチェックがあります。

第1段階：サポートがなくても基本通りにできる
第2段階：スロータイムは問題なくこなすことができる
第3段階：ピークタイムでも問題なくこなすことができる

「できる」とか「できない」ではなく、「どのレベルでできるのか？」をはっきりとさせることにこだわっているのです。

さらに、このチェックを3人の目で確認することにもこだわっています。

1人目：自己チェック
2人目：担当トレーナーチェック
3人目：店長チェック

これにより、「確認」の精度が安定することになります。

また、店長としては「担当トレーナー」のチェック能力についても確認することができるのです。

スタッフが辞めないお店では、このようにスタッフが「自分が成長していること」を自分で感じるだけでなく、先輩や店長からきめ細かく頻繁にチェックしてもらえるのです。

何度も繰り返しますが、スタッフは「成長」を望んでいます。

だから店長は、「成長」する環境を整え、「成長」を感じさせてあげればよいだけなのです。

アドバイス

「3×3＝9段階チェック」で成長を感じさせよう

6 スタッフが辞めないお店の「山本五十六型教育術」

「ここのやり方はこうだからね。わかった？　じゃあ、よろしくね！」

スタッフ不足に悩む店でも、もちろんスタッフ教育は行なわれています。

店長は、採用した新人スタッフに対して、一所懸命に「やり方」を教えています。

しかし、残念ながら新スタッフは短期間で店を辞めてしまい、店長はまた新人募集に費用をかけるのです。そして、新たに採用した新人に一所懸命に教えていたら……また辞めてしまうのです。なぜ、そんな悲しいサイクルを繰り返してしまうのでしょうか？

それは、彼らの教育手法が「一方向」だからなのです。

スタッフ不足に悩む店の店長は、ただひたすらに必要なことを伝えることに一所懸命です。

もちろん、それがすべて悪いわけではありません。

必要な事項は、伝えなくてはなりません。問題は、「伝えているだけ」というところにあるのです。

「いやいや、私の店は人不足で悩んでいる店かも知れませんが、スタッフ教育は一方的に伝えているだけではないですよ。ちゃんとほめてもいますよ」

一部の店長からは、こんな声が聞こえてきそうです。

では、スタッフが辞めないお店の店長達は、どのように教育をしているのでしょうか？

彼らは、ただ伝えるだけではなく、どう伝わったかを確認し、スタッフの習熟レベルに合わせながら手本を見せ、させて、ほめています。さらに、スタッフ達の考えを聴き、それを認め、新たな役割を任せ、それを見守り、感謝し、最後まで信頼する……ここまでやっているのです。

ところで、このスタッフが辞めないお店の店長がやっている指導教育の方法、どこかで聞いたことがありませんか？

そうです。あの、山本五十六の有名な言葉が基本になっているのです。

山本五十六の有名な言葉には続きがある

「やってみせ、言って聞かせて、させてみせ、ほめてやらねば、人は動かじ」

この章の2項で、「具体的にほめることの大切さ」についてお話をしましたが、ほめることの効果については、何と言っても、この山本五十六の有名な言葉が基本になっているのです。

しかし、ほめるという行為自体は、スタッフ不足に悩む店でもやっているはずです。つまり、それだけでは不十分だということなのです。

山本五十六は、「やってみせてさせてみてほめる」では、人は「動く」という段階にしか到達できない……と言っています（私の解釈）

え？　と思われるかもしれませんが、実は、この有名な言葉には続きがあるのです。

その続きというのは、

「話し合い、耳を傾け、承認し、任せてやらねば、人は育たず」
「やっている、姿を感謝で見守って、信頼せねば、人は実らず」

この2つの節が、その続きです。
これは、「相手の話を聴き、認め、任せることで人は成長する」
そして、「チャレンジを観察し、見守り、信頼することで、人は成果を上げる」
ということを、山本五十六は言っておられるのだと私は解釈しています。
よくよく考えれば、これはマネジメント、リーダーシップの基本ですよね。

スタッフが辞めないお店では、スタッフ教育に関して、1節の「手本を見せてほめる」のレベルから、さらに2節3節のレベルまでいっているのです。
だからこそ、彼らの店のスタッフは、自らの成長に夢中になり辞めなくなるのです。

アドバイス

「ほめる」「任せる」「信頼する」ことで、スタッフは育ち成果を上げる

6章

スタッフが辞めない「売上げと利益」

1 スタッフが辞めない「売れる＝うれしい＝成長する＝楽しい＝辞めない」サイクル

「店長……もう閉店準備してもいいですか？　人通りもないし、お客様も来ないし……」

できるだけ早く店を閉めて、できるだけ早く後片付けをして、できるだけ早く帰る……。

仕事をさっさと終わらせて早く帰るのはいいことですが、そのために閉店前から閉めることばかりを考えているスタッフ……（店長の影響でしょうけどね）

その日の予算を達成しているのならまだしも、予算未達にもかかわらず早く帰ることばかりを考えている店長……（誰の影響なのでしょうか？）

だから、売れないのです。

だから、つまらないからスタッフが辞めるのです。

だから、スタッフが不足してしまうので、仕事が増えて辛くなるのです。

一方で、スタッフが辞めないお店は、閉店前の様子が全然違います。彼らの店は、予算獲得に全力を尽くしているのです。もし、予算達成が危うい状況で閉店時間が迫ってきたら、スタッフは自ら店頭に呼び込みに出ます。別のスタッフは、客席のお客様に「もう一杯いかがですか？」とお薦めに回るのです。

だから、売れるのです。

だから、楽しくてスタッフは辞めないのです。

だから、スタッフが不足することがないので休日出勤なんてしなくてすむのです。

この違いの原因は、いったい何だと思いますか？

それは、スタッフが辞めないお店の店長は、「売れること」が「うれしい」というシンプルな感覚を大事にしているからなのです。店舗ビジネスに限らないのですが、どんなに忙しくても「売れる」って、すごく楽しいじゃないですか！

イベント然り、年末年始やゴールデンウィークやバーゲンも然りです。

たしかに身体はきつくてしんどいですが、同時に気持ちは「楽しい」のです。

「やったあ〜、店長！　今日の売上予算達成しましたよ‼」

「売れる」ことの楽しさを覚えること、これが「成長する」ことの基盤になります。

なぜならば、売れた分だけ自分の「経験値」と「貢献値」が増えるからです。

言うなれば、ロールプレイングゲームで魔物をガンガンやっつけて経験値を稼ぐ！　あれと同じなのです。


売上げを伸ばせば、店も店長も上司から高く評価されます。

そうすることで、スタッフも「昇格」「昇給」のチャンスが大きく増えるのです。

店長の中には、売上げが上がらないにもかかわらず、「よくがんばっているから」「能力が高いから」「シフトの貢献度が高いから」と、スタッフの昇格昇給をする人がいます。

しかし、昇給昇格をしても、実際の売上げが上がらなかったら……。

人件費額と率はドンドン上昇します。本当に実力があるのならば、「売上げ」を伸ばせるはずです。言い換えれば、「売上げを伸ばせるから実力がある」ということなのです。

繰り返しますが、「がんばっている」「能力が高い」「貢献している」のならば、それは「売上アップへのがんばり、能力、貢献」でなくてはなりません。それが、「成果」であり、それが「評価」されるべきなのです（売上げに置き換えてそれを評価するということ）。スタッフが辞めないお店では、すべての行動が「売上げ」にリンクさせて考えられているのです。

ですから、営業時間中はスタッフがしょっちゅうPOSから売上レシートを出します。

そして、「今日は単価が低い……もっとお薦めを強化しよう」「今日は客数が少ない。店頭に出て呼び込みをしよう」と、主体的に売上げを伸ばす行動に出るのです。

その行動が、お客様の満足につながり、同時に売上げに結びつくことで彼らは「評価」され、それが自信になって「成長」を感じ、自分がやっている仕事が「楽しく」なるのです。

つまり、「売れるという経験こそが成長の糧になる」ということなのです。

だから、彼らは辞めないのです。

アドバイス

売上げを伸ばすことが「仕事」であるという大原則を忘れてはならない

2 ● スタッフが辞めない「従業員満足と顧客満足度と売上げ」の関係

「従業員満足度を高めれば、顧客満足度も高まります。顧客満足度が高まれば、売上げも高まるのです」

この考え方……大原則としては、何も間違ってはいません。しかし、この表現には大きな勘違いをさせる罠がある！　と、私は考えています。

実際に、世の多くの店長は、この考え方の罠にはまって、本意を間違って解釈しています。その結果、コストと時間と労力をかけて従業員満足を高めようとするのですが、いっこうに顧客満足は高まらず、仕方がないので、さらにコストと時間と労力をかけて、ようやく顧客満足を高めます。ところが、それが売上げに結びつかない……そんな悲しいサイクルが数多くあるのです。

その原因は、この満足度サイクルの表現に足りないところがあるからなのです。それは、「従業員満足度を高めるだけでは、顧客満足度は高まらない！　顧客満足度を高めるだけでは、売上げは高まらない！」

　これが足りない部分です。

　少し言い方を変えると、

「顧客満足度が高まることが、従業員満足が高まる要因になるように仕掛ける！　売上げが高まることが、顧客満足が高まった証拠になるように仕掛ける！」

　さらにこれをまとめると、

「従業員満足を高める行動とは、顧客満足を高め、それが売上アップに直接つながるようにする具体的な行動のことである！」

　つまり、「従業員満足と、顧客満足と、売上げは同時に高めるのが正しい‼」ということなのです。一つひとつが順番に高まっていくのではないのです。

　では、その具体的な方法について、次の項からお話ししていきましょう。

従業員満足を高めるだけでは、顧客満足も売上げも高まらないことを正しく理解しよう

「店長！　奥の席のお客様から忘年会のご予約をゲットしました！　これで獲得コンテストは私がトップに立ちましたよ！　よ〜し、あそこの４人組のお客様にもパーティー予約お薦めしてくるぞ〜」

従業員満足を高めてやる気のあるスタッフを増やしても、顧客満足を高めるための具体的な行動をしない限り、やる気だけではお客様は満足しません。

また、顧客満足を高めるだけで、客単価が自動的に高まるわけではないし、自動的に再来店につながるわけでもないのです。昨今、お客様の選択肢は無限にあります。今の時代は、ただ普通に満足しただけでは、そう簡単には再来店には結びつかないのです。

しかし、そこに客単価アップや再来店促進策を加え、その結果を従業員満足につながるように仕掛ければ、売上げと顧客満足と従業員満足を同時進行させることが可能なのです。

たとえば、客単価アップのためのお薦めの獲得数を、店内コンテストにしている店があります。

さらに、それを季節イベントと連動させてディスプレイコンテストを実施して、キッチン

のスタッフも参加できるようにしている店もあります。また、あるイタリアンの店では、スタッフがお客様に「自己紹介と名刺配布」を行ない、常連客の獲得に力を入れています。その結果、常連様の再来店動機が「あのスタッフに会いたいから」という理由がトップになっている店もあるのです。

コンテストでの上位入賞やご贔屓様の獲得などを通じて売上アップと顧客満足と従業員満足を同時進行させることにより、スタッフたちは自分も楽しみながら売上げを伸ばす方法を学ぶのです。そして、その店で働くことに夢中になっていくのです。

さて、あなたの店のスタッフはいかがですか？　売上獲得を楽しんでいますか？

おっと、その前に、あなたは自身はいかがでしょうか？　売上獲得を楽しんでいますか？

あなたやスタッフが売上獲得を楽しめば、スタッフは辞めなくなりますよ。

アドバイス

従業員満足と顧客満足と売上げは同時に高めよう

3 スタッフが辞めない「従業員満足と顧客満足と売上げと利益」の関係

「飲み放題なのに、おかわりをお薦めなんかしたら、原価が増えて損をしてしまうぞ」

従業員満足と顧客満足と売上げを同時に高めることが、スタッフが辞めないお店づくりへの近道であると理解した店長は、「お客様に喜んでいただくための行動」をスタッフとともに積極的に行動しはじめます。しかし、このサイクルを論理的に証明するのはなかなか難しいのです。

こんな例があります。「90分飲み放題」のメニューを持つ居酒屋の店長とスタッフが、「お客様のコップが空になると、すかさずおかわりをお薦めする。すると気分よく酔っ払ったお客様は、この店は気前がいいね！　と気に入っていただき、再来店につながる」という作戦を行なったのです。この作戦では、スタッフの飲み放題お薦めコンテストも開催したため、店内は大盛り上がりとなりました。そして、お客様の反応は上々！　その後の客数も大きく増えたのでした。

しかし、その作戦を聞いて、本社の部長は冒頭のような「ダメ出し」をしたのです。たしかに、90分で平均6杯程度のお酒を飲むお客様は、規定時間内に追加のお薦めをされることにより、8~9杯のお酒をおかわりしてしまいます。当然ながら、その結果、食材原価そのものは増えてしまいます。しかし店長は、「客数が増えて売上げも増えるので、原価額が増えても利益は増えるはずだ」と考えたのです。

しかし、残念ながら部長は納得してくれませんでした。

客数増が、その作戦によるものかどうかが証明できなかったのです。さて、このままでは、せっかく盛り上がってきた「従業員満足向上＝顧客満足向上＝売上向上」作戦がストップしてしまいます。さあ、こんな時あなたならどうしますか？

実は、当初の作戦では、客数が増えて売上げは増えますが、おかわりも増えるために、利益額そのものはそんなに多くは増えなかったのです。部長が渋い顔をするのも当然でした。

そこで、この居酒屋の店長は、部長に納得してもらうため、さらにスタッフにもお客様にももっと満足してもらうために、次のような作戦を考えました。彼は売上げが上がると同時に、さらに利益も上がるという作戦をスタッフと考えたのです。

スタッフも一緒に「利益向上」に取り組もう

「飲み放題ですから、どんどんおかわりをしてください！　ハイボールは当店お薦めですよ！」
「お客様、そろそろ飲み放題のお時間が終わりそうですが、お得な30分延長！　行っちゃいませんか？」

スタッフが辞めないお店のスタッフと店長が考えた作戦はシンプルでした。飲み放題のおかわりお薦めを、ビールから、徐々にハイボールへと切り替えていったのです。さらに、30分の延長をお薦めするという作戦も行なったのです。もちろん、スタッフのお薦め獲得コンテストも実施しました。お客様はドンドン飲んでいい気分になっていますから、「ハイボールがお薦め」と言われると、「よし！　それいいね！」とスタッフの提案を受けてくれます。さらに「よ～し！　延長もしちゃおう！」と、30分の飲み放題延長もゲットです！

ご存じの通り、ビールとハイボールでは、原価がまったく違います。ハイボールは原価が安いので儲かるのです。飲み放題のおかわりを積極的に薦めても、それがビールだったら、原価額は上昇してしまいます。なので、後半は原価の安いハイボールに切り替えさせることにより、おかわり数が増えても総原価額は低下するという作戦を取ったのです。さらに30分の延長獲得で売上げもアップ！　実は延長では、そんなに注文は来ないのでさらにがっちりなのです！

この結果……この店の月間利益額は、オープン以来の最高額を叩き出したのです。

これには、さすがの部長もこの作戦を承認せざるを得なくなりました。そして、この最高利益額記録更新は、スタッフに「商売は利益獲得が原則」であることを学ばせ、彼らの経営意識はさらに向上したのです。

「従業員満足と顧客満足と売上げと利益」

この4つを、すべて同時に高めることは可能です。と言うか、同時に高めることでしか本当の効果は出ないのです。そして、その作戦を立てて実行するプロセスにスタッフを参加させることで、彼らのレベルもスキルも意識（スタンス）もさらに高まるのです。こうやって、この店のスタッフは、「スタッフが辞めないお店」を自分達で作り上げているのです。

● アドバイス……………………

従業員満足と顧客満足と売上げと利益を同時に高めればスタッフは辞めなくなる

4 スタッフが辞めない「ノルマとお薦め」

「今年もまた、胃の痛いクリスマスがやってくるな～。今年はいったい何個買わないといけないんだろう？　ああ～こんなブラックなバイト、もう辞めたいな～」

クリスマスケーキ、おせち料理、恵方巻き、土用丑の日、宴会予約などなど……。業種業態によって、「売らねばならないもの」の違いはあれど、毎年毎年の厳しい販売目標に悲鳴をあげる様子はどこも同じですね。

私がお世話になったマクドナルドでも、かつてはギフトカードの販売キャンペーンがありました。とんかつ新宿さぼてんでも、おせち料理や恵方巻きや夏冬のギフト販売などがありました。

また、このような季節のキャンペーンでなくても、新商品販売や月間売上目標なども厳しい予算が存在するのは、商売をやっている以上当たり前のことです。しかし、この目標に対して「厳しい」とか「そんなの無理」などと嘆く店長はたくさんいます。

そして、その目標を達成できないと、自腹を切って販売個数を達成させる店長も少なくありません。さらに、その目標をそのままスタッフたちに強いプレッシャーで押し付ける店長もいるのです。

他にもあります。

美容室やエステサロンなどでは、客単価向上のために「店販」が不可欠となっていますが、スタッフの中には、「シャンプーなどをお薦めするって、何だか押し売りみたいで嫌なんです！」と言って、店販に拒絶反応を持ってしまう人が少なくありません。

このような現象、つまり目標をノルマ、お薦めを押し売りと捉えてしまう……実はこれらは、スタッフ不足に悩む店になってしまう大きな原因なのです。これらの問題を解決しないと、スタッフ達は、目標もお薦めもない世界に去って行ってしまいます。もちろん、そんな世界はないんですけどね……。

実は、スタッフが、ノルマだ、押し売りだという気持ちになってしまうのは、決定的な原因があるのです。それは、「楽しい売り方」を知らないということなのです。

「お薦め」は「押し売り」ではなく、「顧客満足向上」であることを教えよう

「よし!! 君がそんなにお薦めするなら、1個買ってみよう!」

「ありがとうございます。ほんとうにおいしいんですから! 絶対に損はさせません!!」


あるお持ち帰り惣菜店の店長は、試食販売が非常に上手です。

彼女が行なっている販売テクニックは、かつて店長時代にカリスマ販売員であったエリアマネジャーからその技を伝授され、それを素直に実践しているからなのでした。

彼女は、試食をお薦めするときには、正面から攻めずに視線を合わせずに横や背後から声をかけます。お客様にプレッシャーを与えないためです。また、暖かい試食品が冷めないように、試食品を入れているお皿の裏に使い捨てカイロを貼り付けます。さらに、匂いで惹き付けるために、試食品をバターと醤油で炒めて食欲をそそる香りを出すのです。また、女性だけでなく積極的に男性客にも声をかけます。男性のほうが、試食をした後の購入率が高いからです。


とんかつ新宿さぼてんで、予約販売のおせち料理を売りまくるある店長は、自社で販売し

ているおせちが、個別包装になっているため、賞味期限が1月5日までと長いことを「強み」として徹底的に訴求してお客様の心をつかんでいます。

彼女たちに共通しているのは、「こうやったら売れる」というテクニックを、自信を持ってスタッフたちに伝授しているところです。だから、スタッフたちもプレッシャーではなく、楽しく売ることができるのです。だって、その通りにすれば売れるんですからね。

美容室やエステサロンの店販も同じです。

売りまくる店長は、自分で使ってみて、そのよさを実感し、その上で自信を持ってお薦めしています。彼女たちは、ただ単にスタッフにノルマやプレッシャーをかけて無理矢理売ろうとはしないのです。そんな方法では売れないことを知っているからです。

お薦めして売れるようになると、スタッフは「売ること」が楽しくなります。だから辞めないのです。「売ることの楽しさ」を教えるのが、本来の「店長の仕事」ですからね。

アドバイス

ノルマだ！　押し売りだ！　という声が出るのは「売り方」を教えていないからだ

5 ● スタッフが辞めない「ひと言ブランドワード」

「(大きな声で) ありがとうございます。おかわり一丁いただきました!!」

元気があっていいですね。ご飯もおいしくいただけそうです。

しかし……このおかわりをしたお客様が、うら若き女性だったらいかがでしょうか?

「あの人、おかわりするんだ〜、よく食べるね〜」なんて声が聞こえてきそうになって赤面しちゃうと思いませんか? たしかにガッツリとおかわりしたのは自分の食欲ですが、他人にそう思われるのは乙女心としては、ちょっと辛いものがありますよね。

「こちらがロース、こちらがカルビでございます。ご注文は以上でよろしいでしょうか」

最近、焼肉やしゃぶしゃぶのテーブルオーダーバイキングの店が大流行りです。私も大好きです。しかし、たまに、ちょっと残念な接客をしている店があります。

それは、ただ注文された商品をテーブルに届けるだけのクールなスタッフがいる店です。基本的には、テーブルバイキングとはそういう対応の店なのですから、特に問題ではないといえば問題ではないのですが……。

しかし、そういう店って、店の魅力が「商品」「立地」「価格」しかありません。「人の魅力」がないのです。

「商品」や「立地」や「価格」で、ライバル会社が同じような店を作ることは難しくありません。現に、人気の業態の店は、たくさんのライバル会社が真似をしています。

しかし、「人の魅力」は簡単には真似ができません。

「人の魅力」にこだわる店は、そこにこだわらない店と比べると、ひと味もふた味も接客レベルが違います。

「人の魅力」にこだわる店は、「自分たちの店って、こんな店なんですよ」というように、スタッフ自身が、コンセプトをしっかりと理解しています。

だから、そのコンセプトを表現するために、「自分が何をするのか」の答えが明確なのです。

「私たちはこういうお店」を、一言で表わそう

「（小さな声で）おかわり一丁お願いしまあす……」

女性のお客様が、ご飯のおかわりをしたときには、小さな声でそのオーダーをキッチンの通している店があります。「牛タンのねぎし」です。彼らのひと言ブランドワードは、「親切」です。「日本で一番親切な会社を作る」という社長のメッセージを、店長もスタッフも一所懸命に表現しているのです。いつ行っても、「親切」が溢れるこの店のことが私は大好きです。

「お客様！　こちらのお肉ですが、表側をこのように焼いたら、すぐにひっくり返して、裏はこのように焼いてください！　これが一番おいしい焼き方です！　あ！　そのお肉焼き過ぎです！　早く食べてください！」

思わず、「ほっといてくれ！」と言いたくなるくらいに、スタッフがお客様のテーブルで鍋奉行ならぬ焼奉行をしているのが、「焼肉キング」です。何と、彼らのひと言ブランドワードは、「お節介」なのです。この会社の社長は、お客様に最高にうまい焼肉を食べてもらい

たいと、真剣に考えています。だから、店長もスタッフもそれを「お節介」という行動で表現しているのです。

マクドナルドにも、「Fun Place to go」というひと言ブランドワードがあります。

これは、「そこに行けば何か楽しいことがある」という意味で、子供達に楽しんでもらいたいという想いを短い言葉にしたものです。

このようなひと言ブランドワードを持ち、それを社内で徹底させると、スタッフは行動が起こしやすくなります。また、その言葉に基づいて積極的に行動するようになるのです。

そうすることで、彼らは「人の魅力」を高め、再来店の動機になるようにしているのです。

そして、お客様がその「人の魅力」を目当てに再来店してくれると……。

スタッフは最高にうれしくなりますよね。辞めるはずがありません。

アドバイス

スタッフ全員が同じ解釈ができる「ひと言ブランドワード」を持とう

6 スタッフが辞めない「スタッフ不足時の基本姿勢」

「人不足ならば、人件費も少なくてすむんだろう。まあ〜、それも悪くはないんじゃあないか?」

恐ろしいことに、こんなことを平気で言う経営者がごくたまにいます。

しかしながら、彼らは大きな勘違いをしています。

もしかしたら、わかっていて、わざと強がって言っているのかもしれませんが、これが本気だったら非常に怖い発言です。

店長や、エリアマネジャーならばもうおわかりだと思いますが、実は、「スタッフが不足している店」は儲かりません。

たしかに、スタッフ不足の初期段階では、一時的に利益は増えます。人件費額が減りますからね。しかし、しばらくするとそうはいかなくなるのです。

実は、スタッフ不足に悩む店は、「スタッフが足りない」と言いながら、現実にはかなり無駄な人件費を使っていることが多いのです。

たとえば、よくあるのは、ピークタイムにスタッフが不足しているにもかかわらず、スロータイムにかなりの数のスタッフを余らせているという状態です。しかし、ピークタイムにスタッフが不足しているのですから、当然ながら売り逃しが発生し、QSCの低下により既存客も失い、売上低下となります。スロータイムにスタッフが余っていても、売上げは上がりませんからね。そんなアンバランスな営業をすることで、閉店時に累計スタッフ時間数を見ると、なぜか予算通りの時間数を使っているのです。

つまり、売上げが下がっているにもかかわらず、人件費額は同じだけ使っているのです。これでは、利益が増えるわけがありません。

このアンバランスな人件費の使い方の例は、実に多くの店で発生しています。

さらに、この状態が続くと、スタッフの「売上げに対する必要時間数」の認識も狂ってくるのです。スロータイムの「スタッフ余り」は、「この余った状態が標準的なスタッフ数」と、間違った認識をしてしまうのです。

その結果、ピークタイムのスタッフ不足に対する不満がさらに強まってしまうのです。さらに、たとえ適正スタッフ数を確保していても、スタッフは「人が少ない」「足りない」と感じて、不満を持つようになるのです。

スタッフに、売上げに応じた正しい人数を理解させせよう

「今日のランチは、標準で10人必要なところが、Aさんが風邪でお休みのため、9人しかいません。だから、今日は全員でAさんの分をカバーしなくてはならないの。だから、いつもより10％増しで動いていきましょう！　よろしくね！」

スタッフが辞めないお店の店長は、常に「標準人数」が何人なのかをスタッフに伝えて意識をさせています。そうやって、もし1人少ないときには、自分は何をしなくてはいけないかを、スタッフに意識させるのです。

この意識を持たせることが、「必要スタッフ数に対する間違った感覚」をスタッフに持たせないようにする重要な要素になります。

誰でも、スタッフの数が多くて自分の仕事が楽になるほうがうれしいものです。なので、少しでもスタッフ数が少ないと、すぐに「不満」を感じてしまうのは当然でしょう。

しかし、きちんと標準的な人数を確保できているにもかかわらず、誤った認識で「不満」を持たせてしまうことは絶対に避けなければなりません。

スタッフの多くを、フルタイムのパートでまかなおうとすると、ピーク時とスロー時の必要人数のコントロールが非常に難しくなります。これは、スタッフ数が多かったり、ピークとスローの売上げの差が大きな店ではなおさらなのです。

だから、短時間だけ働けるアルバイトを採用するようにしたほうがよいのです。これは、大きなチェーン店ではもう常識です。

多くのスタッフを抱えると、トレーニングがたいへんなのはわかります。しかし、人件費コントロールのコツは、やはり「短時間バイトの活用」なのです。

あなたも、もう一度スタッフの予定シフト時間のバランスと、売上げに応じたワークスケジュールの作成について、見直してみましょう。

そうすることで、浮いた人件費を改めてスタッフ教育に投資しましょう！

それが、スタッフが辞めないお店完成への一歩となるのです。

アドバイス……………………………………

ムダな人件費を使わないようにすれば、必ず道は開ける

7章

スタッフが辞めない「プライベートとチームワーク」

1 スタッフが辞めない「店長のスタッフプライベート把握力」

「店長、来週の日曜日は、私、誕生日なのでお休みしたいんですけど……」

「え〜、そんなの聞いてないよ……、無理無理！　今度ケーキおごってあげるから休まないで！」


社員にもアルバイトにも、また店長にも「プライベートな用事」はあるものです。

もちろん、仕事ですから繁忙期などは、プライベートな用事を少し調整してもらってでも、シフトを埋めていくことが優先されるでしょう。

しかし、もし店長が年がら年中、「プライベートは二の次！　常にシフト優先！」という対応をしていたら、スタッフはどう思うでしょうか？

仕事だから仕方がない、あたり前と思うスタッフもいるとは思いますが、多くのスタッフは、「なぜ、社員でもない自分が、そこまでしなくちゃいけないんだ？　おかしくないか？」と疑問を持つようになるでしょう。そして、やがてその疑問は「不満」になるのです。

何度も言いますが、このような不満こそが、「辞める理由のひとつ」になります。世の中には、「シフトは希望を最優先します」ということをうたって、スタッフ募集をしている店は山ほどありますからね。店長が無理を言い続けていると、他の店に移りたくなりますよね。

店長が、店のシフトを最優先にしたいのは当然でしょうけれど、それを実現したいのなら、なぜスタッフに無理強いをする前に、店の都合もスタッフの都合も両方とも満たすような体制を整えないのでしょうか？

とは言うものの、スタッフの数はギリギリなので、そんな余裕はないというのが本音でしょう。そもそもは、そんな無理をさせているから、ギリギリになっちゃうんですけどね。

ところが、スタッフが辞めないお店の店長は、かなり高い割合でスタッフの希望スケジュールを尊重しているのです。もちろん、無理をお願いすることもありますが、いつも無理強いをしているような店とは比べものにならないくらい希望を叶えているのです。

さて、では、スタッフが辞めないお店の店長は、どうやってスタッフのプライベートの希望に、いちいち対応しているのでしょうか？

スタッフが辞めないお店の店長は「口の堅さで信頼を獲得している」

「店長……私、来週の日曜日は、女の子の日なんです……」

「うん、知っているよ。だから、ちょっと楽なポジションでお願いしようと思っているんだ。それで大丈夫かな？」

スタッフが辞めないお店の店長は、スタッフのプライベート情報を、かなり細かく深いところまで把握しています。学業やクラブ、趣味、親兄弟のことや付き合っている彼や彼女のこと。さらに、女性スタッフの生理のサイクルまで把握している店長も少なくありません。

これらは、かなりデリケートな個人情報ではありますが、店長が完璧に信頼できる対応をふだんからしていれば、スタッフは、このような個人情報をちゃんと教えてくれるものです。

もちろん、口が軽かったり、個人の情報や事情についてからかったり、冗談や皮肉を言ったりしていると、誰も話してくれません。あたり前ですけどね。

このように、スタッフのプライベートな事情を細かく把握できると、シフトなどでも好意的な交渉が可能になります。ちょうどいいバランスで、お互いに「持ちつ持たれつ」の関係になるのです。

昨今、プライベートな部分にはできるだけ関わらないようにするのが、時代の流れと言われています。そのような風潮になっていく一番の理由は、「口の軽さ」だと私は思っています。

本来、人は誰でも、自分のことをきちんと理解をしてほしいものです。

しかし、そのための個人の事情をオープンにすると、それを攻撃したり話のネタにする下品な人が増えていることに問題があると、私は思っています。

あなたが、店長として個人情報や事情などの秘密を100%守ることができれば、スタッフは必ずあなたを信頼します。そして、そんなスタッフを増やしていくことで、シフト管理もしやすくなり、さらにはスタッフが辞めないお店に成長していくのです。

アドバイス

スタッフのプライベート情報は絶対極秘厳守!

2 ● スタッフが辞めない「スタッフ同士のカップル対策」

「店長！　TさんとMさんって、いつも一緒のシフトですよね。まあ、あの二人は付き合っているんだから別にいいんだけれど、忙しい日に一緒にお休みを取るのはやめてほしいです！　Mさんはリーダーじゃないですか！　私だって、彼氏と遊びに行きたい日はあるんですよ！」

スタッフの性別が単一の店なら、あまり恋愛問題などは起こらないでしょう。

しかし、男性と女性が混在する店なら、人間関係で一番めんどうな「恋愛問題」は必ず起こります。

この問題への対応は、非常にデリケートなので、扱いに苦労している店長も多いと思います。なかには、絶対禁止として規制をする店長もいるし、プライベートなことだからと黙認して放任するという店長もいます。

ただ、店内での恋愛を禁止すると、そんな堅苦しいバイト先ならと辞めてしまうスタッフもいます。逆に放任すると、二人の感情のズレ（ケンカなど）が、仕事のパフォーマンスに影響してしまいがちです。

スタッフ不足に悩む店では、この問題がうまく解決できずに、ことあるごとにスタッフ間の輪が乱れて、チームワークがギクシャクする事態になってしまうことが多いようです。

では、スタッフが辞めないお店では、どのようにしてこの問題に取り組んでいるのでしょうか？

それは、「禁止もしないが放任もしないし、管理もしない。オープンにした上で、適度に関与する」という方法です。つまり、「バランス重視」の関与をするのです。

なかには、しっかりと管理をすればいいという意見もよく聞くのですが、それでうまくいくのなら、別に否定はしません。ただ、管理をするとなると、店長としてはかなり負担が大きくなり、正直たいへんなのです。

仕事と違って、プライベートな恋愛問題は、ともするとドロドロと複雑な状況に陥ることがあります。三角関係問題も発生するし、不倫や離婚、妊娠や結婚といった、もっと大きな事案に発展することもあるのです。これをコントロールするのは難しいのです。

スタッフが辞めないお店の店長の「店内恋愛活用術」

「店長……実は僕、Kさんと付き合っているんです。でも、みんなに知られると仕事がしにくいので、そのことは秘密しておいてほしいんです。で……お願いなんですが、たまにお休みを合わせてほしいんです。もちろんその分、シフトの日は2倍働きますから!! よろしくお願いします!!」

私が店長時代に行なっていた方法は、「好意的な交渉ができるレベルでの関与」です。つまり、禁止も放任も管理もせずに、仕事に影響が出ないような関与をします。その上で、持ちつ持たれつの関係で、お互いにWIN-WINとなるように交渉をするのです。

もちろん、これはシフトや店内の雰囲気に影響を与えるランクのスタッフの場合です。キャリアが浅かったり、あまりシフトに入っていないようなスタッフの場合は、放任に近い関与レベルでした。影響が少ないですからね。

さて、このようにしながらうまく適度な関与ができている場合はいいのですが、ときにはチームに大きく影響し、輪を乱すような感情のもつれなどが起きることもあります。

たとえば、浮気や感情のすれ違いにより、「別れる別れない」の話になることがあります。

そんな場合は、ほとんどのケースで、どちらかが店を辞めるような話にまで発展します。

このような場合は、放置せずにしっかりと関与し、私の目の前で話し合う時間を持ちます。さすがに、放置や軽い関与のレベルでは、両方とも辞めてしまうような大問題になってしまいますからね。


ただし、恋愛問題は非常に難易度が高いので、このような関与ですべてうまくいくとは限りません。どちらかが辞めてしまうことも多々あります。ただ大切なのは、「店長は放置せずに関与する」という基本姿勢を、他のスタッフにもきちんと見せることなのです。

こんなときに、見て見ぬ振りをするような店長だと、若いスタッフはしだいに店長と距離を置くようになります。「この店長は、いざというときに話を聴いてくれない」と考えるのです。

スタッフが辞めないお店を作り上げるためには、これだけは、絶対に避けなければなりません。

● **アドバイス**……………………………………

店内恋愛は、禁止も奨励もしない。優遇も無視もしない。適度に関与する。

3 スタッフが辞めない「家族の参観日」

「最近うちの子は、バイトが夜の10時に終わってもなかなか帰ってこないんです。バイトの友達と深夜に遊んでいるみたいで……危ないので、もうバイトを辞めさせようと思っているんです」

あるイタリアンレストランで働く大学生スタッフのお母さんからの電話です。

アルバイト先に子供を預けているという感覚を持っている親御さんはたくさんいます。

もしかしたら、全員かもしれません。そのため、アルバイトを始めたことによって、自分の子供が「よくない方向に変化」したと感じたら、それは「アルバイト先の問題」ととらえて、そこを辞めさせようと考えてしまいます。

ただし問題は、本当によくない方向に変化しているのか？　それとも、大きな問題ではないのに、誤解をされてしまっているのか？　なのです。

よくない方向、たとえば連絡もせずに朝まで繁華街をぶらついたり、未成年にもかかわらず、酒やタバコに手を出したりするのはもってのほかなので、これは店長としても関与をして厳しく指導する必要があります。

しかし、仕事終わりにスタッフ同士でついつい話し込んで帰宅が遅くなってしまったことを、親御さんが「よくないこと」と誤解しているのならば、その誤解を解いていくことも、店長として必要な行動なのです。

もちろん、大原則として「店長は大事なお子さんを預かっている」という認識を忘れてはいけません。仕事上の契約関係ですから、厳密には預かっているわけではないのですが、多くの親御さんがそう思っている以上、店長は親御さんの立場に立ってその気持ちを受け止める必要があります。親という立場は、たとえ子供が成人していても、子供の行動を心配し続けるものなのです。

「つまり、あなたの店は、スタッフの親御さんからすれば、「安心して子供を預けられる店」でなくてはならないのです。と同時に、多くの親御さんは、アルバイト先には「自分の子供を成長させてくれる」ことも期待していることも忘れてはなりません。

店長は親も同然、スタッフは子も同然。だから、スタッフの家族も店の関係者なのだ

「さあ、今日は、日頃お店でがんばってくれているスタッフのみなさんの家族参観営業日です。今から、こちらのパーティールームを貸し切りにして、ご両親、ご兄弟、ご主人のみなさまに、おいしいお食事とワインの夕べを、お子様方が作った料理とお子様方のサービスで、お楽しみいただきたいと思います。どうぞ、ごゆっくりお過ごし下さいませ！」

あるイタリアンレストランでは、年に1回、スタッフの家族を無料招待して「ファミリー感謝の会」を行なっています。スタッフたちは、日頃鍛えた調理や接客の腕を自分の家族に対して披露するのです。いわゆる、「家族の参観日」というわけです。

実はこの店は、このイベントを行なうまでは、なかなかスタッフが定着せず、1年間で10名以上のスタッフが入れ替わっていたのでした。

その原因は、店長とスタッフとのコミュニケーションの質と量にありました。店長は、スタッフの悩みや相談にはほとんど乗ることはなく、ただ毎日、ひたすら店を回すことだけを考えていました。店長自身の接客レベルは高く、お客様からの評判も上々だったのですが、スタッフたちと店長の距離は、徐々に離れていきました。

そんなときに、冒頭のような電話がスタッフの親御さんからあったのです。結局、そのスタッフは辞めざるを得なくなり、貴重な戦力を失ったのです。この事件をきっかけに、店長は、自分がスタッフとほとんど話をしていなかったこと、そしてそのスタッフのことを親御さんがどう考えているのかなんてまったく関心を持っていなかったことを反省しました。

そして、定期面談をきちんと行なうようになり、スタッフからの提案や要望にも丁寧に耳を傾けるようになったのです。この「ファミリー感謝の会」も、スタッフからの提案だったのです。

提案したスタッフは、親の心配で辞めざるを得なかったスタッフの友人でした。

彼は、同じことが起きないようにするには、両親の理解が大切だと考えたのです。

「この店でアルバイトをしたおかげで、息子は家でも仕事の話をよくするようになったんです。学校では学べないたくさんの経験をして、成長しているように感じています。感謝しています」——今では、親御さんからこのような感謝の手紙が来るようにまでなったのです。

アドバイス……………………………………

スタッフの家族を招いて「ファミリー感謝の会」を開催しよう

4 スタッフが辞めない「フリーターの活かし方」

「店長、急に就職することになったんです。なので、今週末の日曜日を最後の勤務にさせてください。よろしくお願いいたします」

シフトの中心を担っていたフリータースタッフの突然の退職連絡……これは厳しいです。でも、フリーターにとっての就職は、人生の大事なポイントです。店の都合で、遅らせたり諦めさせたりすることは、当然ながらできません。

実は、このようなフリータースタッフの突然の退職は、スタッフ不足に悩む店ではよく発生しています。ところが、スタッフが辞めないお店では、このような突然の退職はほとんど発生していないのです。それは、なぜなのでしょうか？

これはつまり、フリーターの突然の退職が発生するかしないかというよりも、フリーターの就職活動の情報を、店長が細かく把握しているか否かということなのです。

フリーターのスタッフは、シフトに自由がききやすいということもあって、どこの店でも非常に重宝がられています。そのため、店長はフリータースタッフを店の幹部候補生にして、時給をアップし、より高度な指導を行ない、経験を積み重ねさせて、なくてはならない存在として育てていることが多いでしょう。

しかし、当のフリーター自身は、一生フリーターでいたいと思っているわけではないのです。もちろん、自由を得るために、フリーターの立場でのアルバイトを続けるスタッフもいるでしょう。それは、そのスタッフの人生なので好きにしてかまいません。

しかし、多くのフリーターは、できれば正社員として安定的により高収入を得たいと考えているのです。

ところが店長にとっては、彼が就職して店からいなくなってしまうなんて考えたくもない大事件です。せめて、自分が店長の間はいてほしい……。なので、一所懸命に時給アップを餌に、アルバイトの幹部として育成したいと考えているのです。実に自分勝手ですよね……。

フリータースタッフが突然辞めてしまうという問題は、このようなそれぞれの思惑の違いが原因なのです。

フリーターの人生を真剣に考えてあげよう

「G君、君は今後の人生をどう考えているんだい？」

「はい、そろそろどこかの段階で、きちんと就職をしたいと思っているんです。でも僕、面接が苦手だし……すごく緊張して何も言えなくなっちゃうんです」

「オッケー！　じゃあ、明日1時間ほど時間を取って、僕が面接官になって面接の練習をしてあげよう！　厳しくいくぞ！」

スタッフが辞めないお店の店長が、フリーターの突然の退職という事態に見舞われにくいのは、店長がそのフリーターの将来について、真剣に相談に乗っているからです。

そのような店長は、上記の会話のように、フリータースタッフの「人生相談」「進路相談」をしてあげているのです。

そうやって店長は、いつもフリータースタッフから報告や相談を受けるので、いつ頃就職するのかということを細かく把握することができるのです。

そして、そんなフリーターの人生の応援に一所懸命な様子を、他のスタッフも見ています。彼らは、自分達の店長が、スタッフの人生を心から大事にする姿勢をじっと見ているのです。

前項でもお話ししましたが，店長は「親」でもあるし、また「先生」でもあるのです。実の親や学校の担任の先生には相談しにくいことでも、「店長」ならば、相談できることがあるのです。それが、辞めないスタッフと店長との関係なのです。

店長は、フリーターだけではなく、すべてのスタッフのよき相談役であること、それが「急な退職」を防ぐために最も求められることなのです。

さあ、あなたも、スタッフの相談に乗ってあげましょう！

アドバイス……………………………………………………

フリーターの人生相談や就職相談に乗ろう

5 スタッフが辞めない「SNS活用時の注意点」

「SNSを読んでいる時間も、時給はつくんですか？」

スタッフが仕事を楽しみはじめるようになってくると、クラブ活動のような雰囲気になってきます。自主的に店に関連する活動をしはじめるのです。イベントやキャンペーンの準備を無給で手伝ったり、休みの日にライバル店の偵察に行ったり、スタッフだけでミーティングを開いたりしはじめるのです。

また、最近多くの店で行なわれているのは、SNSによるスタッフ連絡網です。シフトの穴埋め交渉や、次のキャンペーンの情報伝達、きょうの売上予算達成状況などを、店長やスタッフ間で共有したりするのです。

あるイタリアンレストランでは、その日の仕事を終えたスタッフに、店長からフォローアップのメッセージを送り、励ましたりほめたりハッパをかけたりしています。

ただ、この情報伝達や共有の作業……厳密には時間外の仕事をしていることになります。

そのため、スタッフによっては、「もう今日の仕事は終わったのに、何で店長からメッセージが来るの？　おかしくない？」と、疑問や不満を持つこともあるのです。

ただしこれは、スタッフが辞めないお店では、あまり起こることはありません。

このような不満を持つスタッフが出るのは、スタッフ不足に悩む店の特徴でもあるのです。

実は、仕事の後のＳＮＳに不満を持つスタッフが出てくるのには、店長の日頃の行動が影響しています。ひと言で言うと、店長とそのスタッフとのコミュニケーション不足です。店長のそのスタッフに対する接触、会話、フォローアップが、あきらかに少ないのです。

もしかしたら、そのスタッフ自身がちょっと扱いにくいタイプなのかもしれません。

なので、店長も他のスタッフも、彼女との距離を少し置いているのかもしれません。

しかし、原因はともかく、コミュニケーション不足が原因で、店長は彼女の気持ちをつかむことができず、彼女の不満を高めてしまったのです。

では、なぜ彼女は「不満」を持ったのでしょうか？

それは、店長からのＳＮＳを読むこと自体が本当の原因ではないのです。

SNSの使い方には細心の注意を払おう

「Dさんって、SNSやってる?」

「私やっていないんです……何だか怖くって……」

「オッケー! じゃあ、店のメンバーだけでしか使えない、外部からは絶対に入って来られないようなSNSだったら大丈夫かな?」

「はい、それなら安心です。でも、どうしたらできるんですか?」

「オッケー! じゃあ、私がインストールしてあげられるけど、いいかな?」


念を押しておきますが、仕事時間外に店からの情報をSNSで確認することを、ことさらにお薦めするものではありません。しかし、そうは言うものの、スタッフ同士の連絡や感想、応援、ほめ言葉なども拒絶するようなルールを作るのも、正直楽しい雰囲気とは言えないと私は思います。

最も大切なことは、盛り上がったチームの中で特定のスタッフが阻害されてしまうことを防がなければならないということなのです。つまり、「仲間はずれ」を避けるということです。

どういうことかというと、SNSについては、ふだんから慣れ親しんでいる人と、そうではなく少し苦手で、距離を置いている人がいます。SNSが苦手なスタッフからすれば、それが義務化されることには、多少なりとも抵抗があるのです。

そうして苦手なSNSを避けていると、そのスタッフとの情報共有レベルは少しずつ低下、もしくは遅れが生じます。それが原因で、コミュニケーションギャップが生まれます。すると、彼女は「仲間はずれ」になった気持ちになるのです。他のスタッフは、決して意識的に「仲間はずれ」にしようと思っているわけではありません。ただ、SNSが苦手な人の気持ちに気がつかないただけなのです。

店長の立場からは、スタッフ同士の会話コミュニケーションは観察すれば確認できますが、SNSコミュニケーション、特にそれを苦手とする人の疎外感は、なかなか把握しにくいものです。しかし、スタッフが辞めないお店を作っていくには、面談などでここをしっかりと押さえておく必要があるのです。

SNS好きのあなたも、そこは忘れないでくださいね！

アドバイス

店内SNSは、仲間はずれが出てこないように使い方には注意しよう

6 スタッフが辞めない「チームに任せるマネジメント」

「店長！　ハロウィーンのイベントの時って、僕らは何をすればいいんですか？」

何かの行動を起こすときに、あらかじめ店長の指示を仰ぐことは、ごく自然なことだし、基本的には何も問題はありません。しかし、スタッフが辞めないお店を作るには、ここに潜む「隠れた問題」をクリアしていかなければなりません。

実は、スタッフが辞めないお店のスタッフは、いちいち店長に細かいことに対する指示を仰いだり、「自分達は何をすればいいのか？」という質問をしたりしないのです。

もちろん、勝手に報連相もせずに、何かをすることがよいという意味ではありません。彼らも、自分達からきちんと店長に報告をします。しかし、いちいち細かな指示を仰いだり、何をしたらいいのかがわからないから教えてほしい、といったことを言ったりしないのです。

ところが、スタッフ不足に悩む店のスタッフはまったく違います。彼らは、店長からの指示がないと動かない、いや、動けないのです。

なぜ、そのような状態になるかというと、ふだんから店長がそうさせているからなのです。何をするにしても、店長からの指示があって、はじめて動くようにしていたり、たとえ主体的に動いても、すぐに店長からのダメ出しが入ったりするような状況が続けば、スタッフは、必ず指示待ち族になります。最悪の場合は、やる気をなくして、指示を受けても十分な動きができなくなります。

もちろん、そのレベルでも、それなりの店を作ることは可能です。しかし、あなたが目指しているのは「スタッフが辞めないお店」です。

指示待ち族で構成されている店は、「スタッフが辞めないお店」ではありません。

なぜならば、そこには「自ら考えて提案し行動する」という学びや経験がないため、成長レベルが低くなるのです。だから、スタッフは辞めてしまうのです。

一方で、スタッフが辞めないお店では、店長がスタッフに対して「自ら考えて提案し行動する」という経験をさせているため、失敗も含めて密度の濃い経験をし続けます。当然ながら、彼らの成長レベルは非常に高いものになるのです。

「自分達が自分達の意思でやっている」という自覚が、スタッフをより成長させる

「店長！　来月のハロウィーンですが、昨年の反省を元に、今年の盛り上げ作戦を考えてきたんですが、聴いてもらっていいですか？」

「お！　いいね！　どんな作戦を考えたの？　聴かせて！」

「ふふふ、聴いたらビックリしますよ！　その作戦というのは……」


スタッフが辞めないお店のスタッフは、このように積極的に提案をして行動をします。

ただし、一部のスタッフだけが盛り上がっても意味がありません。そういう段階では、まだ「スタッフが辞めないお店」とは言えません。

なぜならば、店全体を「主体的・能動的」にしていくには、スタッフ個人だけではなく「チーム全員」が、そのようなムードになっていかないといけないからです。

たとえば、あるカフェチェーンの店長は、チームを盛り上げる方法として、このように話してくれています。

「私は、常に『チームに任せる』という方法を採っています。チームというのは、もちろん『スタッフ全員』です。ときには、複数のチームを作ってお互いを競わせるという方法を採

ることもあります。いずれにせよ、全員参加が大原則です」
「チームに、イベント運営や企画の盛り上げを任せるときは、そのチームのリーダーにあるミッションを与えるようにしています。それは、必ず全員に小さくてもいいので役割を持たせ、全員のフォローを行なうということです。そうしないと、置いてきぼりになるスタッフが出てくるからです。とにかく『全員参加のチーム』に任せるのが私のこだわりです」

このようなこだわりを元に行なったイベントは、彼の思惑通りに、いつも大きな成果を上げています。さらに彼はこう言っています。
「たまに、うまくいかないときもあります。でも、それもまた大きな成長になるんです。仲間と一緒にチャレンジすることが最優先ですからね」

アドバイス

イベントを、全員参加のチームに任せよう!

8章

スタッフが辞めない「お店を辞める日」

1 スタッフが辞めない「辞める日を目指してがんばる仕組み」

「今年の春に大学を卒業するから、ここのバイトも、もう終わりだな～。就職前に思いっきり遊びたいから、2月いっぱいで辞めちゃおうかな～」

年が明けて1月になると、大学生アルバイト達は就職が決まり、次に卒業が決まると、当然ながら人生の視点は社会人としての自分に向けられます。すると、4月までの時間が非常に短かく貴重な時間に感じられはじめるのです。

そして、

「社会人になったら、もうまとまった時間なんて取れないんじゃないか?」

「友人と残された学生の時間を、もっと有効に使わないともったいないんじゃないか?」

「学生時代にやりたかったことがまだやりきれていないんじゃないか?」

などと、考えるようになるのです。

それらは、社会人になってからでもいくらでもできることなのですが、あと3ヶ月しかないという焦りを感じはじめると、急に「アルバイトをしている場合じゃない」なんてことを考えはじめるのです。これは、アルバイトで学び経験できることを、「貴重な体験」として重要視できていないから起こる焦りなのです。

スタッフ不足に悩む店では、このような学生バイトが多くを占めています。

ですから、年が明けると、3月末を待たずに急に辞めてしまう学生が後を絶たないのです。店としては、それまでに新旧スタッフの入替がスムーズに終えていたら問題はないでしょう。しかし、そうは簡単にいかないのは、本書でも何度もお話ししていますよね。

それでも、彼らの焦りは「店の窮状よりも、自分の貴重な3ヶ月」のほうを優先させるのです。

一方で、スタッフが辞めないお店では、まったく逆のことが起きています。3月いっぱいまで、もしくは3月の「ある日」までは絶対に辞めないのです。

その「ある日」とは……。

卒業退職者が、3月末ギリギリまでバイトを辞めない「感動の仕掛け」

「さてみなさん、本日は、お忙しい中、われらが浦和店の卒店式にご参加いただきまして、誠にありがとうございます。これより、平成29年度の卒店式を行ないます。みなさん、ご起立ください!!」

大学3年生のスタッフの発声で始まったこのイベント。

その名を「卒店式」と言います。

このイベントは、「この春に学校を卒業し、4月から社会人になるために店を辞めるスタッフを見送る会」として、毎年3月に行なわれる一大イベントなのです。

このイベントの主催者は、もちろん店長です。しかし、イベントの出し物、企画、進行などはすべて、卒店するスタッフの後輩、つまり4月以降もこの店で活躍する現役スタッフ達が行なっています。

見送られる卒店者たちを代表して、大学4年生のスタッフリーダーが挨拶をしました。

「みんな、ありがとう。先月の大学の卒業式では全然涙なんか出なかったんだけど、今日は、我慢ができなくて泣いちゃいました……ああ恥ずかしい～。実は正直に言うと、昨年の秋頃は、この春に僕たちが抜けると、この店どうなっちゃうんだろうな、と心配だったんです。でも、12月の繁忙期や年末年始のみんなの活躍を見ていると、もう絶対大丈夫だな！　と確信しました！　この4月からは新チームで、このお店をもっともっとお客様に喜んでいただける最高の店に育ててください！　今度はお客様として食事に来ます！　本日はありがとうございました」

卒店式終了後、進行していた大学生は、このように話してくれました。

「たった1時間の卒店式なんですが、先輩達が『この店で働くことができてよかった』と思ってもらえるように、みんなでアイデアを出し合って企画したんです。まあ～、彼らを泣かせるのがゴールだったので、その目標は達成できてよかったです!!」

「卒店式」……「この日を楽しみに、この日を迎えるまで絶対に辞めない」

スタッフが辞めないお店の「合言葉」です。

アドバイス

3月の最終週に「卒店式」をやろう

2 スタッフが辞めない「退職面接」

「今日で、このバイトを辞めさせていただきます。お世話になりました」
「はい、長い間お疲れさまでした。じゃあね」

辞めてほしくはなくても、店を辞めてしまうスタッフはいます。スタッフ不足に悩む店では、その数は年間でひとりや二人ではないでしょう。もちろん、退職を思い留まらせるために、面談などを行なったと思います。しかし、その甲斐なく、そのスタッフは最終勤務日を迎えました。店長も、冒頭のように彼女が去る後姿を見送るしかないのでした。

実は、スタッフ不足に悩む店とスタッフが辞めないお店では、退職者の最終日の対応がずいぶんと違います。スタッフ不足に悩む店では、もう仕方がないことだと諦めて「じゃあね」と言ってただ見送ります。しかし、スタッフが辞めないお店では、最後の最後まで、自分たちの店が、「真のスタッフが辞めないお店」になるための努力をします。

それが、「退職面接」です。

あるカフェでは、退職するスタッフの最終勤務日に、必ず最後の面談を行なようにしています。この面接から、彼らは、スタッフが辞めないお店の完成に向かって、さらに進んでいくための反省点やヒントを得るのです。

この「退職面接」の仕組みは、何が何でもやるという強い意思がないとなかなか実行できません。私も店長研修で、この退職面接の重要性を説き、受講してくれている店長たちにその結果報告を求めています。しかし、まだ受講間もない頃の店長たちは、実行できずに「できない言い訳」をすることが多いのです。

「いや〜、いきなり辞めたんで……最後に会えなかったんです」
「本人が、そんな面接をするのを嫌がったのでできませんでした」

たしかに、退職を決めたスタッフと話をするのは、お互いの気持ち的にも苦しいものがあるでしょう。しかし、それを乗り越えなければ、スタッフが辞めないお店には近づけません。

なかなか言えない本音も「辞める日」なら何でも言える

「今日で終わりだから、ぶっちゃけ本音を言わせていただきますが……やっぱり事務所は、禁煙にしてほしかったです。もう臭くって……それだけが我慢できませんでした」

「言おうか言わないでおこうか悩んだんですが……リーダーのWさんの教え方って、やっぱりきついです。一緒に仕事をしていても楽しくないんです」

辞めることを決めたスタッフも、「本当は辞めたくはない」のです。しかし、自分と店長がともにその原因を解決できなかったので、辞めるという悲しい判断をしたのです。

だから、「でもやっぱり……」という気持ちがあるのです。

だから、「嫌だった問題点を解決してほしい」という思いで、今まで言えなかったことを話してくれるのです。

この「退職面接」は、退職日が決まったら必ずシフト中に実施できるように、ワークスケジュールに書き込みましょう。そして、できるだけ店長自身が、面談を行なってください。

そして、彼らの口から出た「改善提案」は、必ず改善していきましょう。それが、彼らの「退職理由」のひとつだからです。もちろん、それらがすべてではないでしょうし、すべての本音は言ってくれないかもしれません。それでも、「退職面接」は必ずやりましょう。

店長が、そのように「この店をもっとよい店にするために、スタッフの本音を聴きたい」という意思と行動は、残っているスタッフにも必ず通じます。そして、「退職面接」ではなく通常の面談でも、「本音で問題点を指摘」してくれるようになります。

そして、その問題点の改善に取り組むことで、店はひとつにまとまっていきます。

「退職面接」でのスタッフの「本音」は、貴重な宝物です。

スタッフが辞めないお店の完成に向けて、その宝物を真剣に活かしていきましょう。

アドバイス

「退職面接」で、最後の本音を聴き出そう

3 スタッフが辞めない「第二の故郷」

「何だか、辞めてしまうと店には顔を出しにくいよな～。もう部外者だからね……」
「お客様として店に行っても、やっぱりお客様なんだよなぁ。もう知らないスタッフも多くなったしね」
「店は隣の駅だし、会社とは逆の方向だしね」

あれだけ毎日のように汗水を流して働いた店でも、そこを退職して社会人になったら、元いた店に顔を出す機会はグッと減ってしまいます。ましてや、店が自宅や会社の近所ではなかったら、なおさらのことです。

でも、一般的にはこれが普通です。

特に、スタッフ不足に悩む店では、一度退職したスタッフが店に顔を出すことはほとんどありません。ある回転寿司店を退職したスタッフに、なぜ店に顔を出さないのかとたずねたら、このように答えてくれました。

「いや〜、さすがにちょっと顔を出しにくいですね。なぜかというと、いまだにスタッフ不足みたいなので、店長やスタッフも忙しそうですしね。実はこの間、仕事の途中でたまたま店の前を通りがかったので、ちょっと覗いてみたんですが、店長が厳しい表情をしていたんです。僕は、大学を卒業して就職で辞めたので、辞めたことに負い目とかはないんですが、何だか顔を出すのが悪いような気がしているんです」

ちょっと悲しい発言ですね。

でも、これが店を辞めたスタッフの本音なのです。本当は覗いてみたいんだけれど、どうもスタッフ不足でドタバタしているときに、顔を出すのは悪いと感じているのです。

たしかに、その気持ちわかりますよね。だったら、暇な時間帯に顔を出せばいいのでしょうけれど、社会人になった今では、そんなに自由に時間は使えません。だったら土日に、とは思っても、スタッフが少ないのでそこは遠慮したい。なので、自然と足が遠のいてしまい、もう二度と行くことがないくらいご無沙汰してしまうことになるのです。

ところが、スタッフが辞めないお店では、ちょっと様子が違うのです。

卒店者にとって、店が第二の故郷になるような仕組みを持とう

「おお〜、懐かしい！　久しぶり！　元気だった？」
「久しぶりね〜、ちょっと痩せた？」
「いやあ〜、変わらないね〜。まあ、1年だからあたりまえか（笑）」

ある居酒屋では、1年に1回、卒店した先輩達を店に集めるイベントをしています。いわゆる「同窓会」「OB会」です。

この店の店長は、卒店したスタッフが店と縁遠くなることを、とてももったいないことだと考え、店が「同窓会」を企画して、彼らに案内メールを送っているのです。

そうすることで、卒店したOBが、店に来やすくなる仕掛けをしているのです。

店長の目的は「OBと現役との交流」「OBの社会人人脈での宴会獲得」「OBの店舗復帰のきっかけづくり」などです。彼は、すぐにではなくても、いずれ大きな成果に結びつくことを狙っているのです。ある現役スタッフは、このように言っています。

「この間の同窓会には、この春に卒店されたM先輩が来店されたんです。Mさんは、私が新人の時に、仕事を手取り足取り教えてくれた方なんです。私、実はその時、ちょっとお仕事

のことで悩んでいたので、同窓会の後に先輩に事務所に来ていただいて、悩みの相談をさせてもらったんです」

ＯＢとの関係を継続させることは、売上向上への期待も込められてはいるのですが、最も大きな効果は、やはり現役スタッフのサポートなのです。自分が新人時代にお世話になった先輩には、いろいろな悩みを相談できるからです。

この「同窓会」により、卒店した店は、ＯＢ達にとって確実に「第二の故郷」、セカンドホームとなります。これを機会に、店に立ち寄りやすくなるのです。また、変な辞め方をしたら、これに呼んでもらえなくなるので、よい辞め方、つまり「卒店式」への出席を目指すようになるのです。

アドバイス

卒店スタッフの「同窓会」をやろう

4 スタッフが辞めない「第三の場所」

「お前さあ〜、みんなが一所懸命に働いているんだから、オフ（公休日）に店に来るのって止めてくれない？」

スタッフ不足に悩む店の店長やスタッフは、いつもイライラしています。今日もランチのスタッフ数が1人足りない。そんなときに、この日はオフを取っているスタッフが店に遊びに来る。店長のイライラは頂点に達しますよね。

もちろん、3人も4人も足りないのだったら、その日はオフを取れないかもしれないし、そんな日に店に来たら顰蹙を買うことは誰でもわかっているので、普通は来ません。しかし、1人少ないくらいなら、店に友人と食事に来てもおかしくはないですよね。

ところが、スタッフ不足に悩む店では、スタッフに対してそんなオフの行動を許してはくれません。スタッフといえども、オフの日ならお客様です。それにもかかわらず、「オフの日には店には来るな！」というムードやルールを作ってしまうのです。

このようなルールがある店は、「卒店」をした後も、ＯＢは、店に来づらい空気を感じます。もう退職しているのですから、純粋にお客様として来店すればいいのですが、辞めても元は仲間、内輪と言えば内輪です。そのため、ついつい「遊んでいるんだったら、手伝ってよ」といった空気が漂いはじめるのです。もっとも、そんな空気がいつもあったら、もうお客様としても店には寄りつかないかも知れませんけどね。

一方で、スタッフが辞めないお店では、そのあたりの対応がまったく違います。

たとえば、「ファミリー感謝の会」を行なうことで、仕事とプライベートの境目を緩やかにしていることもあり、公休日でもスタッフはよく店を利用します。

しかも、スタッフ同士だけではなく、スタッフの家族や友人ともよく自店舗を利用するのです。それだけ、店の居心地がいいのでしょう。まるで、自分の家かそれ以上の場所として、ふだん働いている店を「自分の居場所」として大切にしているのです。

自店舗は、スターバックスコーヒーのサードプレイスに負けない大切な場所

「やっぱり、この店の客席は落ち着くわ～」

「だよね～。あれだけ、仕事の場所として汗水流した場所だけど、お客様の立場になっても、あのときの同じ空間に癒やされるって、何だか不思議だけれど理想的でもあるよね」

「いらっしゃいませ。ご利用ありがとうございます。ごゆっくりお過ごしくださいね」


卒店してからでも、店をよく利用してくれるOB達。彼らは、自宅や会社とはまた違った癒しの場所として店を使ってくれています。まるで、あのスターバックスが謳う「サードプレイス（家庭や職場とは違う第三の場所）」のようです。スタッフが辞めないお店では、お客様に対してそんな癒しの空間を提供するだけではなく、現役スタッフや元スタッフに対しても同様の空間を提供しているのです。


ある和食レストランチェーンのOBは、こう言っています。

「やっぱり、想いが染み込んだ店の空気に触れると、何だかホッとするんですよね。でも実はそれだけじゃないんです。OBになって、改めてお客様の立場で店にいると、『これはよ

くないな』『これはこうした方がいいな』なんて、現役時代には気がつかなかったことに気づくんです。もうマニアとしか言いようがないですけどね」

現役スタッフが「自店舗を利用する」ことで、お客様視点で自店舗を見直すことができるようになります。それが、OBだとさらに厳しく鋭い指摘となります。現役よりも、よりお客様視点で店を見ることができるからです。誰よりも厳しい「覆面調査員」かもしれません。

実は、この和食店では、店長がこの「OB視点」を仕掛けてそれを活用しているのです。OBの指摘なので、スタッフもタジタジでフィードバックを受けます。しかし、それが成長につながるのです。

OBが来やすい店。OBがズケズケと厳しい指摘をする店。

暖かくも、緊張感がある、スタッフが辞めないお店だとは思いませんか?

アドバイス

OBを「サードプレイス」に引き込んで「覆面調査」をしてもらおう

5 スタッフが辞めない「後輩紹介」

「もうすぐバイトの最終日だな……4年間よく働いたよな～。でも、僕たちが去ったら、この店はどうなるんだろうな～。主力がごそっと抜けちゃうから、店長もたいへんだろうな……まあでも、店長が何とかするんでしょ、きっと」

多くの店では、1月から3月までの時期に、その年に大学を卒業するスタッフの入替のための新人を募集して採用します。ただし、1月に行なった募集でうまく応募があり、入替に必要な人数を採用できた店はいいのですが、現実には多くの店がうまく補充ができず、2月3月と月日が進むにつれて、店長の胃の痛みが増していっているのです。

ところが、スタッフ不足に悩む店を退職する大学生にとっては、それはただの他人事。店長が何とかするんだろうと考えています。もちろん、店長が何とかしなくてはいけないのですが、ことはそう簡単な問題ではありません。ここ数年、ますます新規採用は難しくなってきていますからね。

特に、３Ｋやブラックと言われがちな飲食業には、応募そのものが減少してきています。現実には、「店長が何とかできない」という店が年々増えているのです。

でも、残念ながらスタッフ不足に悩む店のスタッフは、そこまで真剣に「自店舗の将来」について考えてはいないのです。店長の苦しみや悩みを知らないスタッフも多いのです。

一方で、スタッフが辞めないお店では様子が違います。

3月に卒店する予定のスタッフは、4月以降のことも真剣に考えています。彼らは自分の後輩を後釜にするために、早い時期から後輩の品定めをしているのです。また、彼らは、新人が問題なく店を回し、さらにお客様に喜んでいただけるような仕事ができるようになるには、1ヶ月や2ヶ月では足りないことも知っています。つまり、3月の入れ替わり採用を1月にしていたら、4月からしばらくは店のレベルが下がってしまうことまで考えているのです（これは1章の最後でもお話ししました）。

もちろん、スタッフが辞めないお店の店長もそこのところをよく考えているので、新人育成予算は、1月や2月に集中させずに、年間を通じて分散させています。そうすることで、卒店予定スタッフが、早い時期に後輩を紹介してくれても、採用できる予算を整えているのです。

自分が辞めた後を託す人材を、既存スタッフが連れてくるという理想サイクルを作ろう

「店長、私の後輩をこの店の新戦力として紹介したいんですが、面接をしていただけませんか？　僕の後釜として推薦できる人材です。よろしくお願いいたします」

1章で、「友人紹介が、スタッフが辞めないお店づくりの肝」というお話をしました。その「友人紹介」の中で、最も効果的なのが「後輩紹介」です。

ある焼き鳥店のスタッフリーダーは、こう言っています。

「僕には、この店でアルバイトを始めてからずっと先輩から教わってきた仕事、お客様、スタッフ、そしてこの店のブランドへの想いやこだわりがあります。この店を卒店するにあたって、そんな想いやこだわりを伝承し、それを受け継いでくれそうな人材は、やはりサークルやゼミで、その人となりをよく知っている後輩が適任だと考えたんです。あいつならば、この店のすばらしいところをさらに発展させてくれると思うんです」

先輩スタッフや店長から教えられた、「お店への想い」。やがてそれは、自分の心の中に

日々育まれていきます。そして、自分がこの店を去る日のことをイメージするようになると、今度はその想いを後輩に伝承したくなるのです。

店にとっても、最初からそういう想いを託された人材を採用した方が、教育は格段に楽になります。また、募集そのものもスタッフに委ねればいいのですから、さらにものすごく楽なのです。

この理想的な卒店と採用と教育のサイクルを回せるようになるには、最低でも1年はかかります。2年程度かかる店もあります。その間に店長が異動して、一から始めようとすると、そこからまた長い月日が必要になります。この仕組みを完成させるには、店長やエリアマネジャー、そして経営幹部など、全員の意思が統一されていることがとても重要なのです。

あなたの店も、ぜひともこのサイクルを完成させる取組みにチャレンジしてみましょう！

完成したら、どこよりもすばらしい「スタッフが辞めないお店」ができ上がりますよ！

アドバイス

卒店者が、「自分のこだわりの伝承者」を後任として連れてくるサイクルを築こう

6 スタッフが辞めない「出戻り大歓迎」

「え？　あの先輩、戻ってくるんですか？　嫌だな〜、ムッチャ厳しかったしな〜。土日だけですよね？　え？　平日も入るんですか？　うわあ〜、まいったな〜」

一度辞めた人が復帰してくるというのは、飲食業に限らず、どこでもよくあることです。そして店長としては、彼らの復帰は大いに歓迎するところでしょう。

しかし、現役スタッフにとっては、内心穏やかではありません。せっかく自分達の時代になったのに、また昔に逆戻りしてしまう……そんな気分になります。

もちろん、そのOBの復帰が、現役スタッフから歓迎されるか否かは、その人の現役時代の評判がその分かれ目になるのは当然です。店長としては、いくらスタッフ不足で悩んでいても、評判が悪かったスタッフを復帰させることは好ましくありません。そのスタッフが、せっかくいい感じで成長し始めている現在のチームを壊してしまうかもしれないからです。

また、たとえ評判のよかった人材でも、復帰したら昔の立場に戻って仕切り始め、せっかくまとまってきた新チームにマイナスの影響を与えてしまうケースもあります。それでは元も子もありません。店長は、復帰ＯＢへのオリエンテーションをきちんと行なう必要があります。

さて、このような「出戻り」にはいろいろなケースがあります。一度社会に出てから土日や深夜だけなどの「副業的復帰」ならば、さほど大きな問題は起きないでしょう。本人も自分の副業的な立場について理解をしているからです。

しかし、就職した会社を辞めて、フリーターとなってフルタイムで復帰をするケースの場合は、彼の事情や将来設計などをよく話し合って復帰をさせないと、せっかくの人材と新チームのスタッフとの間に微妙な溝ができてしまい、お互いに居心地の悪い環境を作ってしまうことがよくあるのです。

私の経験上、一度就職した会社を辞めてフルタイムで元の職場に復帰を依頼してきたケースは、ほとんどが「その店の運営会社への正社員採用」を希望しているケースでした。

店長は、先ほどもお話ししたように、彼の事情や目的をじっくりと聞いて、本人もスタッフも全員がハッピーな復帰となるように復帰計画を進めていきましょう。決して、「フリーのベテランの復帰」に、何もかも甘えていてはいけません。

「出戻り」と「バイトからの社員入社」は、スタッフが辞めない店のバロメーター

「みんな聞いて！　来週から、あの伝説のホールリーダーRさんが復帰することになりました。彼は、今度はうちの会社に正社員として入社を目指しての復帰です。みんな、温かく迎えてあげてくださいね」

優秀な元スタッフの現場復帰。先ほどもお話ししましたが、店長にとってはものすごくうれしい話です。しかし、彼らが一度社会に出たものの、再びこの店に戻って来るのには、それ相応の理由があるのです。就職した会社での仕事が、自分が描いていたものとは大きなギャップがあったのかもしれないし、もっと他にやりたいことが見つかったのかもしれません。いずれにせよ彼らは、このままずっとフリーターでいたいわけではないはずなのです。

スタッフが辞めないお店の店長は、彼をそのままフリータースタッフとして使う判断をしません。彼の人生を考えて、彼が本当に「自社に就職したいのか？」「そこに強い意志や将来のビジョンがあるのか？」「自社を選んだ理由は何なのか？」などを、きちんと聴くようにしています。また本人も、「出戻り」で難なく、すぐに就職できるなどとは思っていない

でしょう。しかし、このあたりをしっかりと確認しておかないと、お互いに無駄な時間を費すことになりかねません。

とは言え、ＯＢが自社への入社を目指して「出戻り」を希望するのは非常にありがたいことです。また、それ自体が「スタッフが辞めないお店」のレベルのバロメーターでもあるのです。スタッフが辞めないお店では、実は「スタッフの社員入社」の数が多いのです。

現役からもたくさん入社するし、ＯＢも入社を目指して出戻ってきます。やはり、「この店」「この会社」が大好きなのです。

一所懸命に働いているスタッフがアルバイトを辞めるとき……それは、「自社に入社するとき」が理想ですね。あなたも、すぐ近くにいる優秀なスタッフに「これからは、社員として一緒に働こう」と声をかけてみましょう！　そうやって入社してくる社員が増えることもまた、「スタッフが辞めないお店」を増やしていく強力な要素なのです！

アドバイス……………………………………………………

「出戻り」を大歓迎しよう

おわりに

「やっぱり、最初からこの会社に入社すればよかったと思っています。ちょっと遠回りしましたけれど、もう一度、一からやりたいと思っています。どうぞ、よろしくお願いいたします」

大学在学中に苦労して就活をし、店の方は4年生の3月の卒店式までがんばって働き、4月からバイトとはまったく違う業界に就職したNさん。しかし、夢を描いて入社したその会社での仕事は、想像とはまったく違うものでした。毎日夜中まで働き、上司からは毎日頭ごなしに怒鳴られ、社員同士はいつもピリピリギスギスした雰囲気……そして、誰も何も丁寧に教えてはくれない。だから、仕事は、見よう見まねで覚えるしかない始末……。

「あれ？　こんなはずじゃなかったのに……」深夜自宅のベッドの上で、天井を見つめるNさん。

彼女は、次の休みの日にバイトで働いていた店の店長に現状を報告し、心情を相談したのでした。

「店長は、なぜそんなに楽しそうに仕事ができるんですか？　毎日忙しいのに……」

「Nさん、お仕事をする上で、最も大切なことは『その仕事を楽しめるかどうか』なのよ。私は、それをあなたたちに伝えて感じてもらうことばかりを考えて仕事をしているの。それをするには、私自身が仕事を楽しまなくちゃね」

Nさんは、この店長の言葉を聞き、「自分を成長させることができるのは、こんな店長がいる店、会社で働くことだ」と考え、就職した会社を辞めて、改めてスタッフとして働いていた店の運営会社の面接を受けたのでした。

この店長がやっていることは、この本に紹介した「スタッフが辞めないお店の作り方」そのものです。一見たいへんそうな店長の仕事も、「スタンス（あり方・考え方）」の上に「システム（仕組み）」を積み重ねて、それを動かすための「スキル（方法・やり方）」をきちんと行なえば、難しかったり、苦しかったり、辛かったりすることはないのです。世の中には、スタッフ不足を「時給」と「甘やかし」で解決しようとする店長がたくさんいます。でも、そんな方法では問題は解決しません。結局は、自分を苦しめることになるだけなのです。

たしかに店長の仕事は、スタッフが不足していたらたいへんな仕事だとは思いますが、逆にスタッフさえ整えば、こんなに楽しい仕事はありません。そのためにも、何としてでも「スタッフが辞めないお店」を作り上げていただきたいのです。そして、もっと店長の仕事を楽しんでください。

さて最後になりましたが、この本を書くにあたり、大変お世話になった同文舘出版の古市達彦編集長に、心からお礼を申し上げたいと思います。

実は、この本の執筆中、２０１７年9月に、私の妻が急病で入院。翌月10月に帰らぬ人となりました。入院、闘病、死去と、あまりの急展開と大きなショックのために、私はこの本の執筆がまったくできない状況となりました。そんな時、古市編集長は、「この本は多くの店長が待っている大切な本です。一日も早く書きあげましょう。がんばれ！」と、毎日のように励ましのメッセージを送ってくださいました。編集長の温かい応援がなかったら、きっとまだ書き上げることはできなかったと思います。本当に、ありがとうございました。

また、弊社の店長育成プログラム「店長ナビ研修」をご採用いただき、実際にたくさんの「スタッフが辞めないお店」を作り上げ、この本の事例紹介にご協力いただいた株式会社イーストンの大山泰正社長、大山敏行専務、そして店長やマネジャーのみなさまにも、心から感謝申し上げます。ありがとうございました。

古市編集長、そして亡き妻とご協力いただいたみなさまへの感謝の想いを込めて書きあげたこの本が、店長のみなさまがこれからチャレンジする「スタッフが辞めないお店づくり」のお役に立つことを、心から願っております。ありがとうございました。

■講演・セミナー・研修・コンサルティング等のお問い合わせ

本書でご紹介した「スタッフが辞めないお店の作り方」についての講演・セミナー・研修、さらに社内での仕組みづくり、社内講師の育成などにつきましては、弊社までお問い合わせください。

■メールアドレス

info@peopleandplace.jp

もうひとつ大切なお知らせ!!

次のページを見て下さい!!

■ホームページ

http://www.tenchonavi.com/

http://www.peopleandplace.jp/

「スタッフが辞めないお店」の作り方 スマホアプリがリリース!!

今すぐスマホでＱＲコードを読み込んでアプリをゲットしよう

２０１８年１月１日

株式会社ＰＥＯＰＬＥ＆ＰＬＡＣＥ代表取締役　松下雅憲

著者略歴

松下雅憲（まつした　まさのり）

1958年大阪生まれ。1980年、日本マクドナルド（株）入社。店舗運営の現場と出店戦略の関わること25年。2005年4月、とんかつ新宿さぼてんを運営する（株）グリーンハウスフーズに入社。執行役員としてエリアマーケティングを活用した店長育成システムを導入し、大きな成果を上げた。2012年、(株)PEOPLE&PLACEを設立し、代表取締役に就任。現場経験30年のキャリアで築き上げた独自ノウハウ「店長ナビ」と「スタッフが辞めないお店作り」を研修及びコンサルティングで提供し、数多くの店長の成長に寄与している。

著書に『「競合店に負けない店長」がしているシンプルな習慣』、『「これからもあなたと働きたい」と言われる店長がしているシンプルな習慣』（ともに同文舘出版）がある。

店長のための「スタッフが辞めないお店」の作り方

平成30年4月10日　初版発行
平成31年4月10日　３刷発行

著　者 ―― 松下雅憲

発行者 ―― 中島治久

発行所 ―― 同文舘出版株式会社

東京都千代田区神田神保町1-41　〒101-0051
電話　営業03（3294）1801　編集03（3294）1802
振替00100-8-42935
http://www.dobunkan.co.jp/

ISBN978-4-495-53971-9

印刷／製本：萩原印刷

Printed in Japan 2018